[MIRROR]

理想国译丛

021

想象另一种可能

理
想
国
imaginist

## 理想国译丛序

"如果没有翻译,"批评家乔治·斯坦纳(George Steiner)曾写道,"我们无异于住在彼此沉默、言语不通的省份。"而作家安东尼·伯吉斯(Anthony Burgess)回应说,"翻译不仅仅是言词之事,它让整个文化变得可以理解。"

这两句话或许比任何复杂的阐述都更清晰地定义了理想国译丛的初衷。

自从严复与林琴南缔造中国近代翻译传统以来,译介就被两种趋势支配。

它是开放的,中国必须向外部学习,它又有某种封闭性,被一种强烈的功利主义所影响。严复期望赫伯特·斯宾塞、孟德斯鸠的思想能帮助中国获得富强之道,林琴南则希望茶花女的故事能改变国人的情感世界。他人的思想与故事,必须以我们期待的视角来呈现。

在很大程度上,这套译丛仍延续着这个传统。此刻的中国与一个世纪前不同,但她仍面临诸多崭新的挑战,我们迫切需要他人的经验来帮助我们应对难题,保持思想的开放性是面对复杂与高速变化的时代的唯一方案。但更重要的是,我们希望保持一种非功利的兴趣:对世界的丰富性、复杂性本身充满兴趣,真诚地渴望理解他人的经验。

理想国译丛主编

梁文道　刘瑜　熊培云　许知远

[美] 弗朗西斯·福山 著　　郭华 译　孟凡礼 校译

# 国家构建：

## 21 世纪的国家治理与世界秩序

FRANCIS FUKUYAMA

STATE BUILDING:
GOVERNANCE AND WORLD ORDER
IN THE TWENTY-FIRST CENTURY

上海三联书店

STATE-BUILDING:

Governance and World Order in the Twenty-First Century

By Francis Fukuyama

Copyright © 2004 by Francis Fukuyama

Published by arrangement with International Creative Management, Inc.

through Bardon-Chinese Media Agency

ALL RIGHTS RESERVED

著作权合同登记图字：09-2020-458 号

**图书在版编目（CIP）数据**

国家构建：21 世纪的国家治理与世界秩序 /（美）
弗朗西斯·福山著；郭华译 . -- 上海：上海三联书店，
2020.7

ISBN 978-7-5426-7056-4

Ⅰ.①国… Ⅱ.①弗…②郭… Ⅲ.①国家—行政管
理—研究— 21 世纪②国际关系—研究— 21 世纪 Ⅳ.
① D035 ② D81

中国版本图书馆 CIP 数据核字 (2020) 第 104776 号

# 国家构建：21世纪的国家治理与世界秩序

[美] 弗朗西斯·福山 著　　郭华 译

责任编辑 / 徐建新

特邀编辑 / 孟凡礼　吴晓斌

装帧设计 / 陆智昌

内文制作 / 陈基胜

责任校对 / 张大伟

责任印制 / 姚　军


出版发行 / 上海三联书店

　　　　（200030）上海市漕溪北路331号A座6楼

邮购电话 / 021-22895540

印　　刷 / 山东临沂新华印刷物流集团有限责任公司


版　　次 / 2020 年 7 月第 1 版

印　　次 / 2020 年 7 月第 1 次印刷

开　　本 / 965mm×635mm　1/16

字　　数 / 78千字

印　　张 / 12.75

书　　号 / ISBN 978-7-5426-7056-4/D·454

定　　价 / 58.00元（精装）


如发现印装质量问题，影响阅读，请与印刷厂联系调换。

# 政治秩序中的国家构建

## ——福山国家理论述评

李强

　　弗朗西斯·福山的名字对于中国读者并不陌生。他因
1989 年发表《历史的终结？》而名扬世界（1992 年福山将最
初的文章扩展成书，即《历史的终结与最后的人》，下文简称
《历史的终结》）。该文断言历史在自由主义民主中达到顶峰，
自由主义民主将会是"人类意识形态演化的终点"和"人类政
体的最后形式"。

　　最近，福山的新著《政治秩序的起源：从前人类时代到
法国大革命》（英文版 2011，中文版 2012）和《政治秩序与
政治衰败：从工业革命到民主全球化》（英文版 2014，中文版
2015）相继出版。可以毫不夸张地说，这部上下两集的著作不
仅是作者自《历史的终结》以来最有分量的力作，而且也是自
亨廷顿《变化社会中的政治秩序》以来在政治秩序与政治发展

研究领域最系统、最深刻、最有影响力的著作之一。无怪乎该书甫一问世，便受到西方学术界的高度评价。[1]

福山的著作也引起国内学术界的巨大兴趣。自福山的《政治秩序的起源》与《政治秩序与政治衰败》出版以来，特别是自中文版问世以来，对福山著作的评论持续不断，俨然形成一股"福山热"。这一热潮更由于福山本人多次访华与学术界、舆论界、政界互动而升温。

不过，令人遗憾的是，国内学术界的评论主要集中在福山著作对于中国政治的现实意义上。其中讨论最多的是：福山新著的观点是否在根本上从《历史的终结》后退，不再认定自由主义民主是人类历史发展的终点，反而更多地注意到发展中国家照搬西方民主的失败以及美式民主自身所引发的政治衰败，注意到中国道路对美式民主的潜在挑战。在这个意义上，福山的新著似乎印证了主流理论关于自由主义民主衰落以及中国模式崛起的看法。

尽管从这一角度解读福山的新著并非完全没有根据，但如果仔细阅读福山的著作，笔者倾向于同意福山自己的说法，即福山的基本观点并未发生实质性改变。当然，与《历史的终结》那种以自由民主作为评价政治秩序唯一标准的做法比较，福山的新著大大拓展了理解政治秩序的视角，将国家构建、法

---

1　著名社会学者迈克尔·曼称赞福山的著作是"伟大的学术成就"，"展示了作者杰出的独立思想与令人赞叹的广博知识"。( Michael Mann, "Freedom's Secret Recipe: Balancing the State, Law, and Accountability," *Foreign Affairs*, Vol. 91, No. 2, March/April 2012.)

治和责任政府作为评价政治秩序的三个基本维度。在这三个基本维度中，尤其值得关注的是他那种具有历史纵横感和广阔比较视角的国家构建理论。

在笔者看来，这种宽阔视角的国家构建理论值得国内学术界高度重视。国内学术界对国家构建问题的研究尚处于起步阶段。从学术的角度分析福山理论框架的贡献与缺失，有助于我们理解国家构建这样一个具有重要理论意义和实践意义的问题。

福山关于国家构建的理论经历了一个逐步发展的过程。在2004年出版的《国家构建》中，作者首次将注意力转向国家构建问题。此后，作者在2006年主编的《民族构建》中进一步将民族构建和国家构建结合在一起讨论政治发展问题。2006年出版的《美国处在十字路口：民主、权力与新保守主义遗产》虽然不是直接讨论国家问题的著作，但对于理解福山从单向度的自由主义民主理论转向强调国家构建至关重要。如果说，福山在这几部著作中关注的主要问题是美国对外政策，那么，《政治秩序的起源》和《政治秩序与政治衰败》则展示了作者对国家问题的系统性理论思考。

## 一、福山国家理论的基本路径

福山首次明确阐述自己的国家理念是在《国家构建》（2004）一书。客观地说，《国家构建》算不上是一本严谨的政治理论著作，而更像是一位资深的智库研究人员对美国外交政策尤其是对外援助政策的研究报告。该书的前四分之三试图从理论的角度阐释国家构建问题，后四分之一则是从美国外交政策的角度探索美国在第三世界国家实施国家构建政策的成败得失。

　　该书的核心观点是强调国家构建在政治发展中的重要地位。"国家构建是指建立新的政府制度以及加强现有政府。我在这本书中的观点是，国家构建是国际社会最重要的问题之一，因为软弱或失败的国家是世界上很多最严重问题的根源，从贫穷到艾滋病，从毒品到恐怖主义，不一而足。"[1]

　　在阐述国家构建重要性时，作者将批判的矛头对准所谓新自由主义，即华盛顿共识。他抱怨道："在过去的一代人时间里，世界政治中的主导趋势一直是对'大政府'的批判，以及尝试将各类事务从国有部门转移到私人市场或民间社会。"与新自由主义的流行观点相反，福山认为，"国家构建应该成为我们最重要的议程"，"尤其是在发展中国家，软弱、无能或根本缺失的政府是各种严重问题的根源所在"。[2]

　　应该说，在福山的《国家构建》出版前，关于国家构建重要性以及弱国家、失败国家所产生的问题已经引起学术界的广泛讨论。但是，正如米格代尔在该书书评中所注意到的那样，"福山并未引证在该领域出现的众多著作。他的注意力集中在政策制定者那里，这些人最初未能注意到在缺乏适当制度背景

1　福山，《国家构建》，学林出版社，2017，7 页。
2　同上，7—8 页。

下实施自由化政策的危险"。[1] 显然，福山也并未提及米格代尔本人关于国家能力的著名研究。[2] 这方面的不足削弱了福山著作的学术价值。

在《国家构建》出版两年后，福山于 2006 年主编了《民族构建：超越阿富汗与伊拉克》。[3]《民族构建》大体上延续了《国家构建》的主旨，将民族构建视作 2001 年 9·11 事件后美国外交政策面临的最主要的挑战。福山声称："在 2001 年 9·11 事件后，显而易见的是，弱国家或曰失败国家可能会支持恐怖主义，从而威胁世界上唯一超级大国，即美国的核心安全利益。"[4]

福山这里的所谓"民族构建"实际上就是他此前反复强调的国家构建。用他自己的话来说，"美国所谓的民族构建实际上就是国家构建，亦即构建政府机构，同时促进经济发展。"[5]

福山之所以反复论及国家构建与民族构建，其着眼点之一在于批评布什政府的外交政策。福山认为，布什的外交政策受到新保守主义的绑架，违背了美国的外交传统和美国的国家利益。

---

1　Joel Migdal, "Review of '*State-Building: Governance and World Order in the Twenty-first Century*'," *American Journal of Sociology,* Vol. 111, No. 2 (September 2005), pp. 654-655.

2　米格代尔，《强社会与弱国家：第三世界的国家社会关系及国家能力》，凤凰出版集团，2009。( Joel Migdal, *Strong Societies and Weak States*, Princeton University Press, 1988. )

3　Fukuyama ed., *Nation-Building:Beyond Afghanistan and Iraq*, The Johns Hopkins University Press, 2006.

4　同上，p. 131。

5　同上，p. 14。

福山与新保守主义的关系颇为复杂。正如他自己所描述的那样，他在相当长时间内属于新保守主义阵营的人物，他的许多理念与新保守主义十分契合。[1]但是，在2003年美国发动伊拉克战争后，福山与新保守主义渐行渐远。他于2006年出版的《美国处在十字路口：民主、权力与新保守主义遗产》标志着与新保守主义的分道扬镳。根据福山的概括，新保守主义的基本信念包括：第一，在对外政策中强调政体的重要性，强调民主与人权的绝对价值；第二，鼓吹美国的对外政策应该服务于美国的价值观和道德目标，主张将推进民主和人权作为美国外交政策的基础；第三，质疑国际法和国际组织在解决重要安全问题中的作用；第四，在对内政策和对外政策中反对社会工程，这既包括约翰逊政府期间类似"大社会"之类的社会工程，也包括外交政策中推动民族构建、国家构建之类的社会工程。[2]基于这些观念，新保守主义鼓吹先发制人的战争、政权变更、单边主义以及美国的仁慈霸权。这些理念构成布什政府伊拉克战争的意识形态基础。[3]

根据福山的分析，二战之后关于美国外交政策的主张可分为四个学派。第一，以基辛格为代表的传统现实主义者，强调

---

1  Francis Fukuyama, *America at the Crossroads: Democracy, Power, and the Neo-conservative Legacy*, Yale University Press, 2006. 关于美国新保守主义对布什外交政策的影响，可参阅笔者的"美国新帝国主义全球战略的政治哲学解读"（2003），李强，《群己论识》，中国法制出版社，2008，81—103页。

2  Francis Fukuyama, *America at the Crossroads: Democracy, Power, and the Neo-conservative Legacy*, pp.4-5. 中文翻译参见周琪译，《美国处在十字路口：民主、权力与新保守主义的遗产》，中国社会科学出版社，2008，3—4页。

3  同上，p. 7；中译本，5页。

权力的重要性，不太关注其他国家内部的政权性质以及人权状况；第二，自由主义的国际主义，希望超越权力政治，构建基于国际法和国际组织基础上的国际秩序；第三，"杰克逊式的"美国民族主义，抱持一种狭窄的、仅与安全相关的美国利益观念，拒绝相信多边主义，其极端形式是某种本土主义和孤立主义；第四，新保守主义。[1]

福山倡导一种在四种传统之外的新思路，他将这种思路称作"现实的威尔逊主义"。现实的威尔逊主义不同于传统的现实主义之处在于，它强调美国的外交政策必须关注其他国家的内政，尤其是关注国家构建和推进民主。它注意到，弱国家和失败国家已经成为今天世界不稳定的最主要渊源之一。作为世界上唯一的超级大国，无论是基于安全理由还是基于道德理由，美国都不可能对这种情况置若罔闻。在关注世界各国的内政时，现实的威尔逊主义重点关注发展问题，既包括经济发展，也包括政治发展，这恰恰是现实主义也是新保守主义忽略的问题。现实的威尔逊主义不同于新保守主义和杰克逊民族主义之处还在于它重视国际法和国际组织，但它也不像自由主义的国际主义那样对联合国之类的国际组织抱有不切实际的幻想。它关注的重点仍然是"国家"。"国家仍然会保持一种任何国际角色无法取代的关键职能：它仍然是能够实施法律统治的唯一权力渊源。当然，为了有效行使这种权力，它必须被认为具有合法性，而可持续的合法性需要一种在国家之间比现存情

---

1　Francis Fukuyama, *America at the Crossroads: Democracy, Power, and the Neo-conservative Legacy*, p. 7；中译本，5—6 页。

形更高的制度化程度。"[1]

如果说《国家构建》、《民族构建》和《美国处在十字路口》在很大程度上属于政策研究的即兴之作的话,《政治秩序的起源》和《政治秩序与政治衰败》可以看做福山对国家理论的系统阐述。福山在这两卷本的皇皇巨著中全面展开了在此前著作中初见雏形的国家理论,围绕国家问题提出一系列颇有创新意义的观点。

在《起源》和《衰败》中,福山系统阐述了构成良好政治秩序的三种基本类型的制度:国家、法治和负责制政府。"成功的现代自由民主制,把这三种制度结合在稳定的平衡中。"[2]

关于国家,福山概括出如下特征:"第一,它们享有集中的权力,不管是国王、总统,还是首相。""第二,该权力的后盾是对合法强制权力的垄断,体现在军队和警察上。""第三,国家权力是领土性的,不以亲戚关系为基础。""第四,与部落社会相比,国家更为等级分明,更为不平等。""第五,更为精心雕琢的宗教信仰,将合法性授予国家。"[3]

福山这里强调国家的中央集权和等级制特征,强调国家对合法使用暴力权力的垄断,沿袭了韦伯的国家概念。不过,与韦伯相比,福山反复强调国家的"非人格化"特征。福山声称,这种对国家权力非人格化特征的强调源自韦伯关于"家长

---

1  Francis Fukuyama, *America at the Crossroads: Democracy, Power, and the Neo-conservative Legacy*, p. 10;中译本,7—8页。

2  福山,《政治秩序的起源:从前人类时代到法国大革命》,广西师范大学出版社,2012,16页。

3  福山,《政治秩序的起源》,79—80页。

制"（patriachism）、家产制（patrimonialism）的概念。"我不仅使用韦伯的定义（在界定的领土上，合法行使垄断暴力的组织），还使用他对现代国家的标准（按专门技术合理地分工；使用非人格化的用人制度，对公民行使非人格化的权威）。"[1] 不过，与韦伯相比，福山赋予国家非人格化特征更重要的意义。他将这种"非人格化"特征视作现代国家的指标性特征，并将"非人格化"特征的弱化看今天美国政治衰败的重要指标。

关于法治，福山将其"定义为一套行为准则，反映社会中的普遍共识，对每个人都具有约束力，包括最强大的政治参与者，如国王、总统和总理。如果统治者能修改法律以利己，即使这条法律对社会中其他人一视同仁，法治便已不复存在……为了行之有效，法治通常需要独立自主的司法机构，不受行政部门的干涉……法治作为对政治权力的约束，确实存在于古典以色列、印度、伊斯兰世界和基督教西方。"[2]

福山所谓的负责制，指的是"政府关心社会整体的利益——亚里士多德所谓的共同利益——而不是狭隘的自身利益……我们使用'负责制'一词，主要是指现代的民主国家依靠程序来保证政府回应公民的需求"。[3]

三种因素的结合，被福山称为"达到丹麦"。"我的所指，与其说是实际的丹麦国家，倒不如说是想象中的社会：它富

---

1　福山，《政治秩序的起源》，441 页。
2　福山，《政治秩序与政治衰败：从工业革命到民主全球化》，广西师范大学出版社，2015，19—20 页。
3　同上，20 页。

强、民主、安全、治理良好，只有较低水平的腐败。这个'丹麦'享有完全平衡的三个政治制度：称职的国家、强有力的法治和民主的负责制。"[1]

正是基于国家构建、法治、责任政府三位一体构成政治秩序的理论框架，福山以两卷的宏大篇幅对人类历史上主要地区政治秩序构建的历史以及法国大革命以来近代政治秩序构建及衰败的经历作出系统描述。

## 二、恢复国家在政治研究中的核心地位

福山国家理论的首要贡献是恢复国家在政治研究中的核心地位。

传统政治学以国家为中心。从中世纪晚期到近代早期，政治理论关注的基本问题之一是国家构建问题。从布丹的主权理论到霍布斯的《利维坦》，理论家们都强调构建现代国家对于构建稳定的社会与经济秩序的重要性。德国自黑格尔以降的政治哲学更是将国家抬高到政治理论的核心地位。

国家构建问题在历史社会学传统中也一直受到重视。韦伯在分析现代社会结构及现代资本主义产生的制度条件时，强调现代国家的关键地位。在韦伯的影响下，二战之后在英美社会学界占据重要地位的一批历史社会学家在国家理论研究中作出重要贡献。埃利亚斯、查尔斯·蒂利、迈克尔·曼、贾恩佛朗

---

1 福山，《政治秩序与政治衰败：从工业革命到民主全球化》，广西师范大学出版社，2015，21 页。

哥·波齐等学者把现代国家构建视作现代资本主义经济产生的重要前提。他们对欧洲现代国家构建的历史与理论分析构成国家理论中有极高学术价值的瑰宝。

但是，令人遗憾的是，20 世纪以来，特别是二战以来，在政治学研究领域，尤其是在全球影响巨大的英美政治学界，对国家问题的研究在很长时期相当边缘化，以至于波齐在 1978 年的一部著作中抱怨"至于政治科学，我觉得在最近三十多年中，这个学科在忘却国家方面走得越来越远"。[1] 这种边缘化并非没有原因。美国政治中从来就没有欧洲大陆那样清晰的主权载体。于是，在政治理论的想象中，只有各种力量表达意志、影响决策的平台，而无具有主权特征、具有自主性的国家。惟其如此，在美国政治学的理论框架中，多元主义在相当长时期处于一枝独秀的地位。

英国政治由于一直保持君主制的外壳，国王作为主权者在实际政治运行中很难使人和现代国家的概念联系在一起，故而在英国政治理论传统中，国家理论并不发达。只是在 19 世纪新黑格尔主义有较大影响的时期，牛津唯心主义学派发展出一套国家理论。但在自由主义占主导地位的大传统中，这种黑格

---

1 Gianfranco Poggi, *The Development of the Modern State: a Sociological Introduction*, Stanford University Press, 1978, p. xiii.

尔式国家理论未能在英国政治理论中产生持久的影响。[1]

当然，在英美政治学界，并非没有重视国家的呼声。譬如，彼得·埃文斯、迪特里希·鲁斯迈耶、西达·斯考克波以相当引人注目的标题编辑的《找回国家》一书，声称对国家问题的重新重视构成了美国政治学的新范式。[2] 但细读全书，读者可能会失望地发现，在吸引眼球的口号声下关于国家问题的理论分析显得颇为苍白。

在这一方面，斯考克波在恢复国家在政治理论中重要性方面的贡献甚至不及一些自由主义政治哲学家。以美国自由主义政治理论学者斯蒂文·霍尔姆斯为例，他在亲身经历并深入研究了苏联解体之后俄罗斯的困境时认识到，后全能主义社会面临的重要改革任务便是构建一个有限但有效的国家体制，国家构建是经济改革与民主化的重要前提。他还进一步将对俄罗斯经验的分析上升到政治哲学层面，强调强有力的国家和有效的公共财政制度是保障个人自由的前提。[3]

尽管已有如此众多的学者从不同角度对国家理论作出贡

---

1　关于英美社会科学传统中国家理论的缺失，参见 J. P. Nettl, "The State as a Conceptual Variable," *World Politics*, Cambridge University Press, Vol. 20, No. 4 (Jul., 1968), pp. 559-592. 关于牛津唯心主义的国家理论，可参见鲍桑葵,《关于国家的哲学理论》，汪淑钧译，商务印书馆，1995；霍布豪斯,《形而上学的国家论》，汪淑钧译，商务印书馆，2012。

2　彼得·埃文斯、迪特里希·鲁斯迈耶、西达·斯考克波,《找回国家》，三联书店，2009。

3　参见 Stephen Holmes, "Can weak-state Liberalism Survive?" in Dan Avnon and Avner De-Shalit ed., *Liberalism and Its Practice*, Routledge, 1999, pp. 31-49；史蒂芬·霍尔姆斯、凯斯·桑斯坦,《权利的成本——为什么自由依赖于税》，北京大学出版社，2004。

献，福山对恢复国家在政治学研究中核心地位的贡献仍然不可低估。由于福山曾因"历史的终结"而暴得大名，以自由主义民主预言家的身份确立了他在思想界的地位，以他之口强调国家构建的重要性更有他人不及的影响力，至少对中国学术界是如此。蒂利、曼、斯考克波也许对于专业研究者是令人尊敬的学者，他们也许在分析论证的学术性方面不逊于福山。但是，就其社会影响而言，福山对广大的知识大众具有超乎一般学者的影响力。

福山的国家理论对于以自由主义为主流的西方政治理论而言，至少具有以下创新之处：

第一，现代国家是经济发展的必要条件。

福山反复强调一个被不少社会学家、经济学家、政治学家论证过的观点："国家是集约型经济增长的基本条件。"国家崩溃、内战、国际冲突对经济增长有负面影响。"20世纪晚期，非洲的大部分贫穷都得归罪于国家的薄弱，以及不时发生的瘫痪和动乱。除了建立国家以提供基本秩序外，强大的行政能力与经济增长呈正相关关系。当人均国内生产总值处于绝对低水平时（少于1 000美元），国家变得尤其重要。到了较高水平的收入，国家仍然重要，但其影响可能会发生不成比例的改变。已有很多文献，把良好统治与经济增长联在一起。"[1]

应该说，关于现代国家是经济发展的前提，其实是一种老生常谈。即使在古典自由主义经济学的奠基人亚当·斯密那

---

1 福山，《政治秩序的起源：从前人类时代到法国大革命》，广西师范大学出版社，2012，459—460页。

里，国家的作用也并未被忽视。斯密被不少人视为放任经济的鼓吹者，他有关市场作为"看不见的手"调节经济以及政府扮演守夜人角色的观点已深入人心，但人们似乎对斯密关于现代国家的论述重视不够。其实，在斯密那里，"看不见的手"只是在特定条件下才可能起到调节资源配置的作用，其中最重要的条件是国家以法律的方式保护人们的财产权利。斯密阐述了一个在20世纪新制度主义经济学中至关重要的观点：如果说市场经济的特征在于鼓励经济活动自发性的话，市场经济本身却不是自发形成的。市场经济的形成有赖于一套特定的政治与法律制度，有赖于现代国家的建立。

斯密在《国富论》中专门论述了国家必须履行的若干职能。其中包括：第一，国防的职能，"保护本国社会的安全，使之不受其他独立社会的暴行与侵略"；[1] 第二，司法的职能，"为保护人民不使社会中任何人受其他人的欺侮或压迫，换言之，就是设立一个严正的司法行政机构"；[2] 第三，"建立并维持某些公共机关和公共工程。这类机关和工程，对于一个大社会当然是有很大利益的，但就其性质说，设由个人或少数人办理，那所得利润决不能偿其所费。所以这种事业，不能期望个人或少数人出来创办或维持"。[3]

---

1 《国富论》，下册，254页。

2 同上，272页。

3 同上，284页。关于自由主义理论中的现代国家观念，笔者曾撰写过若干论文："国家能力与国家权力的悖论"（《中国书评》，1998年第11期）；"自由主义与现代国家（陈祖为主编，《政治理论在中国》，香港，2001）"；"后全能主义体制下现代国家的构建"（《战略与管理》，2001年第6期）；"从现代国家构建的视角看行政管理体制改革"（《中共中央党校学报》，2008年第2期）。

著名社会学家韦伯在探究现代资本主义的起源时曾将"理性的国家"视作资本主义产生的必要前提。韦伯指出，"只有在合理的国家（rational state）中，资本主义才能发达起来。它的基础是有专长的官吏阶级和合理的法律"。[1]

最近几十年来影响颇大的新制度主义经济学、政治学、社会学对现代市场经济的制度条件作出更深入的研究。根据这些研究，市场经济运行需要独特的外部条件，这些条件至少包括：第一，现代国家，提供市场经济所需要的法律条件，保护产权，制定规范。第二，宗教、文化所提供的"信任"。第三，市民社会，尤其是规范各种群体行为的行会、中介机构。[2]在这三方面中，最重要的是国家。市场经济正常运作固然需要道德与信任，良好的道德风俗能够减少交易成本。但只有国家的强制力量能够提供市场经济的最基本条件，如对产权的保护、对契约的保障等。

福山毫不讳言，他对国家构建的强调得益于新制度主义理论。福山在《美国处于十字路口》中曾简要回顾了二战以来西方关于经济发展的理论及政策所经历的不同阶段。最初对发展问题关注的重点是资本和投资，西方政策制定者希望基础设施的投资将带动不发达国家的发展，但众多外援被滥用乃至腐败使援助国对这种方式的经济发展逐渐失去信心。在第二个阶段，从 20 世纪 80 年代开始，伴随着里根、撒切尔等保守主义

---

1 马克斯·韦伯，《经济通史》，姚曾廙译，韦森校订，上海三联书店，2006，212 页。
2 Robin Cantor et al, *Making Market: An Interdiciplinary Perspective on Economic Exchange*, London: Greenwood Press, 1992, pp. 12-15.

革命，知识界开始强调市场的价值，经济计划在发达国家和发展中国家都失去吸引力。市场经济以及融入世界经济体系成为解决发展问题的主要途径。但是，并不是所有国家或地区都可以像韩国、中国台湾或智利那样从市场经济与融入国际经济体系中获得发展机遇。诸多非洲与拉美国家的发展状况相当不尽如人意。于是，从 20 世纪 90 年代中后期开始，在发展理论中出现了另一个转向，即开始强调制度的重要性。在新古典经济学传统中，制度（包括正式制度与非正式制度）最初并未受到重视，只是由于新制度主义经济学的兴起，制度问题才受到关注。经济学家开始注意到，一些重要的制度，特别是法治制度是经济发展的基本前提和保障。[1]

福山争辩说，在所有制度中，国家是最重要的制度。"自20 世纪 70 年代以来东亚国家和拉丁美洲所经历的不同发展结果主要是由于东亚地区有比后者更强有力的国家机构，而不是由于采取市场友好型政策。"[2]

第二，民主制度建设与国家构建密不可分。

正是基于经济发展对强国家的需求，福山引入政治发展的议题。"政治发展可以理解为创造一套日益复杂且范围广泛的国家机构以便促进集体行动或平息社会冲突。"[3]在这个意义上，福山指出，政治发展涵盖民主发展且比民主发展涵义更为宽

1 Francis Fukuyama, *America at the Crossroads: Democracy, Power, and the Neo-conservative Legacy*, pp.122-123.

2 同上，p. 123。

3 同上，p. 125。

泛。"在你能够有民主之前，你必须先有国家：国家建设的行动只是部分地与促进民主相重叠。"[1]

显然，福山此时的观点和他在《历史的终结》中的观点有明显区别。在《历史的终结》中，福山认定自由主义民主乃是历史发展的最终目标，自由主义民主制度是唯一能够结束人类社会长期存在的形形色色的主奴对立状态，实现人的自主。可以说，在《历史的终结》中，福山将自由民主制度等同于善治。

在《美国处在十字路口》一书中，福山强调，他仍然坚持民主化的理想。他也许会赞同布什总统的观点，即不论文化背景如何，不论生活在世界上何处地区，人类的欲望总是相同的。所有人都渴望摆脱残酷的压迫，渴望安全，渴望为子女创造好的生活。正是基于这些根本原因，"自由和民主将在任何时候、任何地点都比仇恨的口号与恐怖的战术有更大的吸引力"。[2]

但是，福山强调，"说世界上存在着一个广泛的、几个世纪之久的自由民主潮流——我本人过去曾对此做过充分的论证——是一回事，预言民主或繁荣会在一个社会中的某时某刻出现又是另一回事"。介乎二者之间有一些关键的变量，即制度（institutions）。一个社会必须首先有制度存在，然后才可能从"对自由的模糊渴望走向一个运转良好的、巩固的民主政治

---

1　Francis Fukuyama, *America at the Crossroads: Democracy, Power, and the Neo-conservative Legacy*, p. 125；参照中译本，111 页。

2　同上，p. 116；中译本，103 页。

制度和一个现代经济"。[1]

这就是说，福山并不放弃追求民主转型的目标，但他强调民主化是长远的目标，强调为了实现民主化必须构建一系列制度。

福山在《美国处在十字路口》中简要回顾了二战后西方政治发展理论对于国家构建和民主化的理解。据福山所说，二战后美国发展出一套具有综合特征的发展理论，既可解释传统社会向现代社会的转型，同时也可为美国外交政策如何实现这种转型提供实用建议。这种发展理论在20世纪60年代受到来自左右两方面的攻击。左派攻击现代化理论预示着西方模式是全球发展的必然模式，带有强烈的西方中心论倾向。以亨廷顿为代表的右派则质疑现代化理论将经济发展、社会进步与政治发展视作一套互相连接、互相促进过程的乐观主义逻辑。亨廷顿指出，过分迅速的经济与社会发展破坏政治发展，带来无序与暴力。[2]

随着民主化第三波的推进以及苏联的解体，政治发展理论开始集中关注所谓的民主转型。不过，在福山看来，尽管关于民主转型的研究浩如烟海，这些理论仅仅具有一定的解释能力，它或许可以解释拉丁美洲或东欧一些地区的政治发展，却无法成为具有广泛解释力的理论。

福山注意到，自20世纪80年代以来，政治发展研究中的

---

1　Francis Fukuyama, *America at the Crossroads: Democracy, Power, and the Neo-conservative Legacy*。

2　同上，p. 126；中译本，112页。

制度主义开始复兴。"这种学派不再把国家看作是各种社会压力的一个被动目标，而是看作一个能够积极主动地影响后果的事物。"[1]

面对 2001 年 9·11 后的新形势，福山提出美国政府应该寻求新的发展战略。就政治目标而言，美国应该从以改变政体、实现民主化为主要目标的战略转变为以政治发展为目标的战略。"在政治发展方面，美国应该将促进'善治'而不仅仅是民主确定为自己的目标。"政治发展远比促进民主宽泛，它涉及诸如国家构建和创设有效的机构等事项。这些事项是民主政府的条件，但它们本身却并不必然是民主的。福山甚至接受这样的观点："如果可能的话，自由主义的法治最初对经济的发展比民主政治参与更为关键。在某些情况下，现代化的权威主义比不负责任的民主更值得拥有。"[2]

当然，福山如此强调政治发展并不意味着他否定民主的价值。就最终逻辑而言，民主是政治发展不可或缺的成分。"离开民主和公众参与，最终不可能有善治。"[3]

至此，福山的观点十分清楚，他对新保守主义以及布什外交政策的批评不在于是否应该将促进民主作为美国对外政策的目标，而是关注更广阔意义上的发展问题，其中最重要的是包括国家建设在内的政治发展问题。只有当政治发展取得成效

---

1　Francis Fukuyama, *America at the Crossroads: Democracy, Power, and the Neoconservative Legacy*, p. 131；中译本，116 页。

2　同上，p. 140；参照中译本，125 页。

3　同上，p. 141；参照中译本，126 页。

时，民主化建设才有坚实的基础。

在两卷本的《政治秩序》中，国家建设、法治和责任政府构成良好政治秩序的三个基本要素。尽管福山并未明确表示民主以国家建设为前提，但在他的历史叙事以及他对当代不少国家政治秩序的比较研究中，有一点是十分明确的："拥有民主制这一事实，并不表明其政绩优劣。"民主制面临的重大挑战是无法兑现其承诺的好处。而个中主要原因，乃在于缺乏一个有效国家制度。[1]正是在这个意义上，福山强调"如果没有漫长、昂贵、艰苦、困难的过程来建设相关的制度，民主制是无法成功的"。[2]

通观福山对国家构建的强调，应该说，他的贡献主要在于挑战西方尤其是美国占主导地位的政治话语，回归常识。笔者在 2001 年的一篇文章中曾提到："西方二战以来的政治理论在很大程度上被冷战时期的意识形态所构塑。……冷战时期自由主义与极权主义的两极对立使人们对政治理论的关注集中在某些问题上，而忽略了另外一些问题。以人们对自由主义的理解为例，由于冷战时期两种制度的鲜明对立，自由主义的某些特征得到彰显，如自由主义对个人自由与权利的强调、对民主的追求等，而自由主义的另一些特征却被忽视，如自由主义对社会正义、道德与国家等问题的关注。"[3]"在……被许多自由主

---

1　福山，《政治秩序的起源》，5 页。

2　同上，11 页。

3　李强，"自由主义与现代国家"，陈祖为主编，《政治理论在中国》，香港：牛津大学出版社，2001。

者所忽视的诸多条件中，最重要的恐怕是一个强有力的现代国家。""最近几十年来，自由主义的倡导者与批评者通常都强调自由主义对国家的恐惧"，但是，"自由主义除了这一明显特征外，还有一个不大彰显的特征，即强调现代国家的重要性。自由主义在主张限制国家权力的同时，强调市场经济与市民社会需要有效的现代国家，强调国家在提供公共物品与保障一定程度社会正义中的积极作用，强调国家在保护民族利益中的作用。不过，与自由主义的反国家特征相比，自由主义这一特征不够彰显。在某种意义上，这一特征是自由主义隐蔽的主题。"[1]

应该说，无论从理论的角度，还是从历史经验的角度，现代国家构建既是现代市场经济运行的前提，也是民主化的前提。在西方主要国家的发展历程中，先有现代国家的构建，然后才有现代经济的腾飞，然后才有逐步民主化的进程。

但是，当西方国家发展为发达的自由民主国家时，经济学家、政治学家几乎再也不去关注这些曾经重要的发展前提。经济学家即使关注国家问题，也主要是关注国家与市场干预经济的程度，只有少数学者会注意到市场经济本身需要国家提供法律制度。政治学家津津乐道民主的转型，至于民主需要以国家构建为前提，似乎很少有人关注。主流的观点似乎是，民主本身就可以起到国家构建的作用。福山在《起源》中描述了这种状况："发达国家的民众视政治制度为理所当然。这习惯见证于 2003 年美国入侵伊拉克的善后计划，或善后计划的缺乏。

---

1　李强，"自由主义与现代国家"，陈祖为主编，《政治理论在中国》，香港：牛津大学出版社，2001。

美国政府似乎认为，萨达姆·侯赛因的独裁政权一倒台，伊拉克就会自动恢复到预设的民主政府和市场经济。等到伊拉克的国家构建在疯狂的洗劫和内乱中轰然崩塌时，美国政府似乎感到由衷的惊讶。"[1]

在这种意识形态背景下，福山敏锐地注意到国家构建对于经济发展以及民主化的重要前提作用，应该说是西方理论界的一位先知先觉者。在政治理论领域，理论贡献有时只是捅破一层窗户纸，只是提醒人们不要忘记常识。在这个意义上，福山对国家构建重要性的强调应该说是具有创新意义的贡献。

## 三、国家构建的历史图景

福山国家理论的另一个贡献是颠覆了西方学术传统在国家构建历史叙事中的西方中心论范式，而以宽阔的比较视野和宏大的历史叙事模式勾勒出世界主要地区的国家构建历史及其类型。

福山关于国家构建的历史叙事不能算是严谨的历史著述，他并未在一手资料的挖掘上有任何贡献，他的叙述主要依赖各领域专家的研究成果。但正如著名社会学家迈克尔·曼所言，福山巧妙地选择各领域的重要著作并仔细引证了这些著作的成果。他在论述如此宽阔的主题时几乎没有对如此众多的专家的著作有所曲解。惟其如此，曼认为"福山的基本论证是令人信

---

1　福山，《政治秩序的起源》，13 页。

服的，他自始至终展示了良好的历史感与对社会学的敏感"。[1]

就其在宽阔的历史视野中勾勒国家构建理论而言，福山的著作让人联想起芬纳著名的《统治史》。芬纳的《统治史》以其纵横人类历史的宏大气魄和基于翔实的历史资料而展开的细致入微的制度分析奠定了它在政治制度史研究中的经典地位。福山的两卷本《政治秩序》虽然从涵盖国家的全面性与制度分析的细微性方面逊于芬纳，但福山以国家构建、法治和责任政府三条线索集中展示几类主要地区的发展路径，因而就国家构建而言，理论性更强，观点更加明晰。

福山关于国家构建的比较研究分为两部分。在《政治秩序的起源》中，福山从宽阔的比较视野勾勒出一幅世界范围的国家构建历史。在《政治秩序与政治衰败》中，福山集中分析法国大革命以来世界范围内国家构建的多样化路径。

在以比较历史研究的视角分析世界上主要地区国家构建的历史中，福山集中分析了传统中国、印度、中东、欧洲国家构建的历程。福山断言："如要研究国家的兴起，中国比希腊和罗马更值得关注，因为只有中国建立了符合马克斯·韦伯定义的现代国家。中国成功发展了统一的中央官僚政府，管理众多人口和广阔疆域，尤其是与地中海的欧洲相比。中国早已发明出一套非人格化和基于能力的官僚任用制度，比罗马的公共行政机构更为系统化。"[2] "我们现在所理解的现代国家元素，在

---

1　Michael Mann, "Freedom's Secret Recipe: Balancing the State, Law, and Accountability," *Foreign Affairs*, Vol. 91, No. 2 (March/April 2012), p. 161.

2　福山，《政治秩序的起源》，21 页。

公元前 3 世纪的中国业已到位。其在欧洲的浮现，则晚了整整一千八百年。"[1]

福山关于传统中国国家构建历史的叙述在相当大程度上沿袭了韦伯的理论框架，同时汲取了当代历史社会学研究的诸多成果。沿袭韦伯，福山将西周的制度描述为封建制度。他像韦伯一样从政治权力结构的视角定义封建制度，而非从马克思主义的经济结构视角解释封建制度。正如欧洲封建制度的基本特征是"权力分散"一样，在中国的西周，"政治权力非常分散，掌控在一系列等级分明的氏族和宗族手中"。[2]而且，在西周的分封制度下，"属臣在治理自己封地时享有实质性的自治"。[3]

封建制度向现代国家的转变发生在东周时期。"东周时期（公元前 770 年—前 256 年），真正的国家开始在中国成形。它们设立常备军，在界定领土内实行统一规则；配备官僚机构，征税执法；颁布统一度量衡；营造道路、运河、灌溉系统等公共基建。"[4]如同欧洲近代国家构建的逻辑一样，东周时期"国家形成的最重要动力就是战争"。[5]在激烈的军事竞争中，"中国西部的秦孝公和谋臣商鞅，奠定了世界上第一个真正现代的国家。秦王征服所有对手，建立统一国家，并将秦首创的制度推向中国北方的大部，国家巩固由此告成"。[6]秦始皇的统一标

---

1　福山，《政治秩序的起源》，19 页。

2　同上，104 页。

3　同上，106 页。

4　同上，109 页。

5　同上，110 页。

6　同上，99 页。

志着中国建立起"早熟的现代集权国家"。"马克斯·韦伯定为本质上的现代特征，秦朝如果没有全部，至少也有很多。"[1]

"短暂的秦朝之后，非人格化管理最终在西汉期间得以确立（公元前 206 年—公元 9 年）。到了东汉末年和隋唐，亲戚团体又卷土重来。要到第二个千年初期的宋明，非人格化国家才得以恢复。"[2]

福山关于秦始皇建立的统一帝国体制是现代国家最早形式的观点汲取了西方比较历史社会学和比较国家研究中的相关成果。譬如，许田波在其《战争与国家形成：春秋战国与近代早期欧洲之比较》中就十分明确地将秦朝所建立的国家制度与近代欧洲国家制度相提并论。她引述美国著名中国传统政治思想研究者顾立雅（Herrlee Creel）的观点："当我们拿两千年前的中国政府机构和近代国家高度中央集权化的官僚机构相比较时，就会发现两者间拥有最令人惊叹且可能最有启发性的相似之处。"她更进一步指出："要论国家与统治者的区别，官职与官员的分离，根据客观的贤能标准来选拔和晋升官员的科层制，公开颁布的法律所具有的普适性和公平性，人口的调查和登记，中央岁入与支出的预算，统计与报告的汇集，直接统治能力，以及其他行政技术，中国均先于欧洲两千年就发展起来了。"[3]

---

1　福山，《政治秩序的起源》，112 页。

2　同上，101 页。

3　许田波，《战争与国家形成：春秋战国与近代早期欧洲之比较》，徐进译，上海世纪出版集团，2009，5 页。

不过，尽管福山关于中国现代国家构建与欧洲近代早期国家构建的比较并不能构成创新，福山对中国国家制度变迁历史的勾勒仍然体现了一位政治理论家宏观把握历史的气概，而且在不少方面具有新意。

福山以传统中国为参照系分析了其他古代社会的国家构建模式。与中国相比，"印度出现一种独特的社会模式，对印度政治造成巨大影响"。"印度在国家刚刚形成之际，便涌现出界限分明的四大社会阶层，被称为瓦尔纳（varnas）……"此外，还有迦提（jatis）的出现并"最终演变成种姓制度"。[1]这些社会阶层"大大限制了国家权力的渗透和掌控"。惟其如此，与中国不同，印度"这块辽阔领土从没有受到独家政治权力的统治，也没有发展出独家文学语言。20世纪晚期之前，印度历史只是持久的政治分裂和政治软弱，最为成功的统一体中不少是外国入侵者，其政治力量依赖完全不同的社会基础"。[2]

福山历史叙事的第三个事例是伊斯兰世界。他描述了伊斯兰世界军事奴隶制的起源、演变及其在伊斯兰世界所扮演的政治角色。他尤其颇为细致地剖析了奥斯曼帝国的军事奴隶制，并将这种制度与传统中国的国家制度相比较。按照福山的分析，奥斯曼帝国的军事奴隶制在理性化程度上逊色于中国的科举制，奥斯曼帝国在法律和程序的统一性方面远不及传统的中华帝国。在这个意义上，奥斯曼帝国国家的现代性落后于传统

1　许田波，《战争与国家形成：春秋战国与近代早期欧洲之比较》，徐进译，上海世纪出版集团，2009，146—147页。
2　同上，148页。

中国。

福山历史分析的第四个案例是欧洲。当然，福山将对欧洲现代国家构建的详细描述放在法国大革命之后。不过，他对中世纪欧洲的国家也有一些颇为粗略的勾勒。颇令人费解的是，福山并未像韦伯以及当代受韦伯影响的社会学家蒂利、曼、波齐、埃利亚斯等学者那样，认真考察欧洲从封建主义、等级制、绝对主义向现代宪政国家的转变。福山几乎忽略了从制度角度考察欧洲中世纪的国家演变。他关注的重点是所谓非人格化制度在欧洲的起源及发展。按照福山的解释，自基督教传入欧洲后，欧洲社会便开始摆脱在传统中国、印度、奥斯曼帝国所通行的以血统为基础构建社会组织的状况，"个人"构成社会组织的基础。福山声称："欧洲社会很早就是个人主义的。在婚姻、财产和其他私人事务上，当家做主的是个人，而不是家庭或亲戚团体。家庭中的个人主义是所有其他个人主义的基础。"[1] 欧洲这种独特的个人主义特征构成欧洲非人格化现代国家兴起的基础，也构成欧洲后来资本主义兴起的基础。

如果说在《政治秩序的起源》中福山主要从比较历史的角度描述历史上主要地区国家构建的路径的话，《政治秩序与政治衰败》则是用典型的比较政治方式勾勒出法国大革命以来，亦即近代以来，世界范围内国家构建的不同路径与不同类型。应该说，与《政治秩序的起源》相比，下卷的分析更具有类型学意义。对于以比较政治为专业的人士而言，更具有理论

---

1　福山，《政治秩序的起源》，226—227 页。

价值。

关于近代国家构建的路径，福山大致区分为两种类型。第一类是欧美国家的国家构建，我们或许可以称之为原生性的国家构建。第二类是在外来制度影响或刺激下的国家构建，主要涉及非洲、拉丁美洲和东亚地区。

对于欧美国家构建，福山又根据国家构建和民主化的次序划分为三种模式。第一种，普鲁士／德国模式，国家构建先于民主化。"最先进的现代官僚体系，是威权国家在追求安全时创建的。"[1] "为了应付军事竞争，而发展非家族制的现代国家，并一直存活至当代。"[2] 根据福山的分析，在这种模式下建立的普鲁士／德国官僚体制"称得上是现代官僚体系的典范"。这种模式的最大优势是管理体系所展示出的"团队精神"和"自主性"。根据福山的描述，普鲁士官僚体系从建立之初就是一个具有独特地位的团体，"有力且团结"。"正是这种内部团结给它带来高度的制度自主性。这些官员把自己当作普鲁士国家的公仆，而不是霍亨索伦王朝的私仆。国家利益超越其占据王位的个人的命运。"[3] 福山倾向于将德国模式上升到理论层次，在他看来，由于德国官僚体系"获得自主性是在开放民主政治之前"，因此，"庇护政治从来没有在德国登陆"。[4]

欧美国家构建的第二种类型是民主化先于国家构建。这种

---

1　福山，《政治秩序的起源》，25 页。

2　同上，71 页。

3　同上，67 页。

4　同上，71 页。

类型又可分为两种不同的模式。一种以希腊和意大利为代表，在建立强大、合法和自主的国家之前便实现了民主化，结果是依附主义成为现代政治最明显的特征。"政治关系和操纵国家的能力成了通向财富和人身安全的途径"，"庞大的公共支出，给更公开的腐败提供了充分的机会"。[1]

英国和美国代表了民主化先于国家构建类型中的第二种模式。"英国和美国在19世纪初都有庇护式政府，与希腊和意大利没有太大不同。不同的是，它们改革公共部门，为更现代的官僚体系打下基础。在英国，受贵族支配的庇护式文官体系在短短十五年中获得改革，取而代之的是高学历的职业文官。在美国，庇护政治根深蒂固，将之铲除需要更长时间。共和党和民主党介入官僚体系的工作分配已久，顽强抵抗以择优录用取代政治任命的努力。经过两代人持续不断的政治斗争，终于在20世纪初完成了整个体制的修复。"[2]

除了欧美之外，其他地区国家构建发展较晚，而且在不同程度上受到西方殖民主义的冲击。福山将这些地区的国家构建划分为三种不同模式。

第一种，撒哈拉以南非洲。在西方入侵之前并未发展出国家层次的本土制度。欧洲殖民者也"没有为非洲引进强有力的制度，哪怕是那种能够渗透和控制当地人口的'专制'制度"。[3]福山以撒哈拉以南非洲最大的国家尼日利亚为例，"尼

---

1　福山，《政治秩序的起源》，105 页。
2　同上，126 页。
3　同上，27 页。

日利亚的国家非常软弱，不仅在技术能力上，而且在道德意义上。它缺乏以非人格化和透明方式执行法律的能力，更缺乏合法性"。[1]

第二种，东亚："中国、日本和韩国，在与西方有深入接触的数百年之前，已有国家和民族认同的强大传统……悠久的国家传统和民族认同，是东亚在经济发展上获得显著成绩的基石。"[2]

第三种，拉丁美洲："拉丁美洲介于这两个极端中间，尽管哥伦布到来之前已有大型帝国的存在，但当地从未发展出像东亚那样的国家层次的强大制度。既有的政治结构遭到武力和疾病的破坏，取而代之的是新移民的社会，他们带来的是当时在西班牙和葡萄牙盛行的威权主义和重商制度。"[3]

通过从历史视角以及世界范围内比较视角分析国家构建，福山描绘出一幅关于国家构建的全景图。对于这幅画面的细节，人们不难发现诸多瑕疵，并可以提出有事实根据的批评。譬如，有论者指出，福山对古希腊尤其是古罗马国家构建的忽视导致他无法勾勒出西方国家发展传统的全貌。[4] 不过，客观地说，对于福山这样以如此宏大的叙事方式描述国家构建，评价其成功与否的标准不在于细节的准确，而在于其理论框架是否具有启迪意义。在这一点上，应该说福山是成功的。尤其是

---

1　福山，《政治秩序的起源》，205 页。

2　同上，307 页。

3　同上，28 页。

4　Gregory Melleuish, "Francis Fukuyama and the Origins of Political Order and the State: A Historical Critique," *Australian Journal and Politics and History*, 2012.

对中国读者而言，福山将传统中国国家构建纳入比较分析框架的努力对于我们摆脱在国家构建研究中西方中心论的路径、以新的视角审视中国传统政治制度的特征具有重要启迪意义。

## 四、国家权力与国家能力的困惑

福山国家理论最明显的缺憾是他未能从理论上清晰区分国家权力与国家能力两个不同的概念。诚然，福山并未像国内一些论者所批评的那样全然忽视了两者的区分。[1]事实上，福山在《国家构建》中辟出专门章节厘清国家的"范围与实力"。他以美国为例，提出一个似乎具有悖论意义的问题："在开始分析国家在发展中的作用的时候，我想要提出这样一个问题：美国的国家是强还是弱？"一方面，美国奉行自由主义的有限政府原则，"美国制度设计之目的就是削弱或限制行使国家权力。美国诞生于一次对抗国家权威的革命，其产生的反集权的政治文化体现在对国家权力的制约上，譬如明确保护个人权利的宪政、权力分离、联邦主义，等等"。此外，"美国福利国家建立时间晚于其他发达民主国家，并一直保持在较为有限的范围内（例如没有全民医疗系统），美国对市场的管制要少得多……"但是，"另一方面，美国的国家在另一种意义上是非常强的。马克斯·韦伯将国家定义为'在一特定的领土内（成

---

1　关于福山未能区分国家权力与国家能力的批评，参见章永乐，"后知后觉者中的先醒者——评福山《政治秩序的起源——从前人类时代到法国大革命》"，《观察者网》，2013 年 12 月 17 日。

功）垄断武力合法使用权的人类共同体'。换句话说，国家的本质是'强制执行'：最终可以派遣身着制服的专人用枪迫使人们遵守国家法律。在这方面，美国的国家是非常强大的：在联邦、州和地方各级，它有一个规模庞大的执法制度，执行一切法律法规，从交通规则，到商业法律，到违反人权法案，不一而足"。"美国有一套有限政府的体制，这一体制历来限制国家行为的范围；在这一范围内，它的建立和执行法律政策的能力是非常强的。"[1]

为了从理论上厘清国家权力和能力的关系，福山给出两个概念的定义："国家活动范围指的是各国政府不同的功能和目标，而国家政权力量，或国家清晰透明地计划和执行政策和法律的能力，就是我们常说的国家或制度的能力。我们对于国家概念的理解常常混淆的是，实力（strength）一词通常无差别地既指范围，又指实力或者能力。"[2]

在厘清概念的基础上，福山进一步以坐标横轴和竖轴的方式表达国家权力范围和能力的不同。坐标横轴代表国家权力的范围，福山将国家权力大致划分为"应对市场失灵"和"促进公平"两大类。福山十分清楚从古典自由主义有限政府理论到20世纪福利国家理论之间的各种政策主张。他将国家权力范围划分为从"最小"到"中等"到"积极"三类，"最小国家"的基本职能是"提供纯粹的公共产品"，包括国防、法律与秩序、产权保护、宏观调控、公共卫生等。可以看出，这个清单

---

1  福山，《国家构建》，18—19 页。

2  同上，19 页。

与亚当·斯密所设想的国家职能基本吻合，这也是当代所谓"新自由主义能够接受的最小国家职能"。"中等国家"职能则扩展到"应对外部性"、"反垄断"、"克服信息不完整"、"提供社会保险"等领域。"积极国家"的职能则进一步扩展到"协调私人活动（如培育市场和进行集体激励）"和实行"再分配"等方面。

坐标竖轴代表制度能力的强度。"强度在这个意义上包括制定和落实政策与执行法律的能力，用最少的官僚进行有效管理的能力，控制贪污、腐败、贿赂的能力，在政府机构中保持高度的透明度和问责制，以及最重要的是执行法律的能力。"[1]

福山又进一步将坐标横轴与竖轴，即国家权力范围和实力这两个维度结合起来，放到一个图中，形成一个坐标系。坐标系被划分为四个象限，每一象限代表着对经济增长极为不同的影响。第一种类型"结合了有限的国家功能与强大的制度效度"，这就是新自由主义的理想国家。第二种类型是以欧洲为代表的福利国家类型。"许多欧洲人认为，美国式的效率是以社会公正为代价的，他们宁可待在象限 II 而非象限 I。"最差的状况是象限 IV，"在这一象限中，无能的国家承担起一系列雄心勃勃但它其实根本玩不转的功能。不幸的是，大量的发展中国家就位于这一象限中"。

福山关于国家权力和国家能力的分析，包括由横轴、纵轴构成的坐标系让人想到著名社会学者迈克尔·曼的理论。迈

---

1　福山，《国家构建》，20 页。

可尔·曼区分了两个层面的国家权力。其一是国家的专制权力（despotic power），即国家精英可以在不必与市民社会各集团进行例行化、制度化讨价还价的前提下自行行动的范围（range）。其二是国家的基础性权力（infrastructural power），即国家事实上渗透市民社会，在其统治的领域内有效贯彻其政治决策的能力（capacity）。根据这两种权力强弱的状况，迈可尔·曼对历史上以及现实中的国家作了分类，归纳出四种理想类型：一、两种权力均弱型，如西欧中世纪的封建国家；二、强专制权力弱基础性权力型，如中华帝国、罗马帝国等传统帝国；三、弱专制权力强基础性权力型，如西方近代以来的官僚制国家；四、两种权力均强型，当代的极权主义国家即属于此类。[1]

令人诧异的是，福山在《国家构建》中并未提及迈克尔·曼的观点，甚至未提及曼的名字。作为一本专门研究国家构建的著作丝毫没有注意到在这个领域如此有影响的著作，实在是一大缺憾。

在厘清国家权力范围和国家实力的基础上，福山明确表达了他理想中的国家模式。在他看来，从经济学家的角度来看，最佳区域是在象限 I，它结合了有限的国家功能与强大的制度效度。最差的状况是象限 IV，代表国家权力范围宽泛，但能力很弱。

福山以新西兰改革为例展示了他关于最佳国家的概念。

---

1  Michael Mann, *States War and Capitalism*, Oxford: Blackwell, 1988, pp. 5-9.

"在80年代中期，新西兰在工党和财政部长罗杰·道格拉斯（Roger Douglas）的领导下开始了一系列自由化改革。"在改革的第一阶段，政府采取了一系列削减国家范围的经典措施，譬如取消外汇管制，补贴农业和消费，进口许可，奖励出口，将税收结构从收入和销售税转变为基础广泛的消费税，国有企业私有化。在改革的第二阶段，政府致力于加强保留下来的核心国家机构的行政能力。通过两个阶段的改革，到20世纪90年代中期为止，新西兰朝着缩小国家权力、增强国家能力的方向发展。[1]

但令人遗憾的是，福山从未始终如一地将国家权力与能力的区分贯穿在他论述的全过程，他的整个论述在逻辑上颇为混乱。我们可以在"范围与能力"的概念讨论中看到他对国家权力与能力的区分，但当他论述20世纪政治发展的趋势时，他似乎全然忘记了这种区分，而是泛泛地讨论国家的强大与弱小问题。在《国家构建》的结论部分，福山写道：

"在过去一代间，世界政治中的趋势一直是削弱国家。这一趋势有着规范性和经济的原因。在20世纪，多个国家太过强大：它们专横地对待民众且侵略邻国。有些国家虽然不是独裁，但仍然因为国家范围过大而阻碍经济增长，使得各种机构功能失灵且低效。因此，这一趋势是削减国有部门的规模，转向市场或者公民社会去激发出其该有的社会功能。与此同时，全球经济增长通过提高信息、资金以及（在略低的程度上）劳

---

1　Michael Mann, *States War and Capitalism*, Oxford: Blackwell, 1988, 20 页。

工的流动性，已削弱了主权民族国家的自主性。"

"对于后 9 · 11 时代来说，全球政治的主要问题不再是如何削弱国家，而是如何构建它。对个别社会和全球社会来说，国家消亡不是乌托邦的序曲，而是灾难的前奏。"[1]

类似的概念混淆在福山《国家构建》这一薄薄的小册子中并不是例外，而是通例，这尤其表现在福山多次颇为随意地批评新自由主义和华盛顿共识。诚然，对新自由主义的批评绝非仅仅福山而已，福山的问题在于，他在批评新自由主义时混淆了多种不同的概念，以一种专业学者难以接受的混乱逻辑对新自由主义提出批评。

譬如，福山在论及华盛顿共识主张减少国家对经济事务的干预写道：

"现在回头看来，华盛顿共识本身并没有什么不妥：在很多情况下，发展中国家的国有部门都是经济增长的障碍，这一问题在长远看来只能通过经济自由化来解决。但是，问题在于，尽管国家在某些方面需要削减，在其他方面却需要加强。那些推动经济自由化改革的经济学家在理论上对此有非常清楚的认识。但在这一时期，因为严重偏向强调削减国家功能，这可能常常混淆为或被有意曲解为全面削减国家能力。国家构建至少是与国家削减同样重要，但却从未受到同等的重视。结果是，在许多国家，经济自由化改革未能兑现其承诺。事实上，一些国家缺少适当的体制框架，自由化让它们陷入比没有自由

---

1　福山,《国家构建》, 127—128 页。

化还要糟糕的境地。问题在于，缺乏对国家的不同维度以及这些不同维度是如何与经济发展相关的概念性理解。"[1]

很显然，福山的这些批评并不构成对新自由主义的学理批评。他充其量只能说是对以新自由主义名义出现的某些具体政策的批评。因为，福山十分清楚，作为一种意识形态，新自由主义并非不注意国家提供基本公共产品的职能。福山明白无误地承认，"华盛顿共识众多的支持者现在宣称，他们当然明白制度、法治和顺序得当的改革的重要性"。福山只是抱怨，在许多新自由主义者主导的具体政策中，特别是"在80年代末至90年代初，政策讨论中很少涉及Y轴的国家能力和国家构建的问题。在没有适当体制的情况下进行自由化是有危险的，而华盛顿的政策制定者极少就此发出警告。事实上，政策制定者当时一般倾向认为，任何程度的自由化都要比不进行自由化要好"。[2]

由于福山未能从理论的角度厘清国家权力和国家能力的关系，他往往在不同场合的论述中把几类不同的问题混为一谈。譬如，当他论及20世纪80年代削弱国家的趋势时，他会把苏联东欧从极权主义向一定程度的有限政府的转化、以里根和撒切尔为代表的欧美新自由主义改革以及第三世界特别是非洲地区国家构建问题混为一谈。他在描述撒切尔主义、里根主义的改革时，他似乎让读者相信，这些改革是削弱国家能力的改革。事实上，不论人们对里根和撒切尔的改革方向做出何种

---

1　福山，《国家构建》，17页。

2　同上，29页。

评价，这些改革在国家提供基本公共产品方面的职能不仅没有削弱，而且有所加强。按照亚当·斯密关于国家基本职能是安全、司法公正以及市场无法提供的重大公共产品三个方面的说法，里根期间美国政府在这些方面的职能不仅没有削弱，而且还有所增强，至少美国国防开支的增加和国防能力的提升是人们普遍认可的事实。

福山这种对不同概念的混淆展示了作者虽然具有极其敏锐的观察力，但却无法将这种观察力上升为逻辑缜密的理论思考。无怪乎著名政治学者艾伯特在评论福山的著作时对福山的理论混乱颇有微词。艾伯特注意到，以最近几十年的美国为例，一方面，相当一部分原来由国家履行的职责转移到市场，另一方面，国家在军事、法律和制度建设方面的力量大大增强。按照福山的逻辑，艾伯特问道："这种转变意味着美国在走向强国家还是弱国家？"[1]

## 五、国家与社会关系视角的缺失

福山之所以未能从理论上一以贯之地厘清国家能力与国家权力之间的关系，一个重要的原因在于福山关于国家构建的分析始终集中在政策层面的思考，尤其是对美国外交政策的思考，而不是以构建一套完整的国家理论为目标，这导致他在分析国家构建问题时将关注的重点放在构建一个国家结构或强化

---

1 David Apter, "Book Review: State Building," in *The International History Review*, Vol. 28, No. 3 (Sep., 2006), pp. 695-698.

国家结构上，而忽略了从国家和社会的关系这一更广阔的视角分析国家构建问题。

　　福山在《国家构建》中如此定义国家构建："国家构建是指建立新的政府制度以及加强现有政府。"[1] 福山全然没有意识到，如果"加强现有政府"超过一定限度，他所关注的"国家能力"便会受到削弱。应该说，在理论上存在一种可能性，国家权力如果过分膨胀，过多地侵入社会领域，乃至消除了与社会之间的界限，国家的自主性就会受到影响。对这一问题，德国著名政治学家、法学家卡尔·施密特的观点颇有启发。

　　施密特在魏玛共和国期间倡导建立一个强有力的国家，以实现健康的经济。不过，施密特敏锐地注意到，强有力的国家不等于权力宽泛的国家。为了从理论上探索强国家的特征，施密特把从文艺复兴以来的国家划分为三种类型，第一是 17 世纪的绝对主义国家。第二是自由主义的中立国家，国家在社会传统中保持中立地位，任凭社会各种团体之间在竞争与冲突中寻求平衡。第三种国家是随着福利国家的发展，逐步形成所谓全能国家（total state）。前两类国家都以国家与市民社会的分殊为基础，全能国家的特征则是国家与市民社会界限的消失。[2]

　　施密特对全能国家的分析颇有价值。他明确认识到，全能国家的特征在于，国家权力无限扩大，并最终完全控制了社会。"这将导致国家与社会合二为一。在这种状态下，所有事

---

1　福山，《国家构建》，7 页。

2　参见，Carl Schmitt, *The Concept of the Political*, pp. 22-3; Renato Cristi, *Carl Schmitt and Authoritarian Liberalism*, University of Wales Press, 1998, pp. 184-6.

情至少在潜在意义上都是政治的。国家因此便无法声称其独特的政治特征了。"施密特认为，国家存活的基本条件是国家与市民社会维持明确的区分。一旦这一区分不复存在，一旦国家干预的范围超出"政治"领域，不再处理纯粹的政治问题，而是侵入社会生活的所有方面，国家的自主性与独立性就会消失，这将最终导致一种弱国家。施密特坚信，国家涉足的领域愈广，国家本身的有效性便愈差。[1] 施密特甚至认为，如果国家与市民社会的二元对立由于全能主义国家的出现而打破，其最终结果必然导致国家的消亡。[2]

二战以来不少历史社会学家在研究国家问题时也十分注意国家与社会的关系，关注国家的适当权力范围。这可以从若干重要历史社会学者关于国家的定义中看出。

查尔斯·蒂利在《西欧民族国家的形成》中给出过国家的定义："一个控制了特定地域人口的组织如果具备下列特征的话，便是国家：（1）它与在该领域的其他组织产生了分殊（differentiated）；（2）它是自主的（autonomous）；（3）它是集权的（centralized）；（4）它的各个分支机构以制度化的方式彼此协调。"[3] 值得注意的是，蒂利强调国家是一个"组织"，其重要结构特征之一是它与社会有一定程度的分殊（differentiation）。

---

1　Renato Cristi, *Carl Schmitt and Authoritarian Liberalism,* p. 190.

2　同上，p. 182.

3　Charles Tilly, "Reflections on the history of European state-making," in *The formation of national states in Western Europe*, ed., Charles Tilly, Princeton: Princeton University Press, 1975, p. 70.

导读 政治秩序中的国家构建 xli

　　迈克尔·曼在阐释国家结构与功能时概括出国家的四个特征："（1）一套分殊化（differentiated）制度及任职人员；（2）中心地位，亦即政治关系从中心向外部扩散；（3）在划定的领土范围内行使权力；（4）以垄断物理暴力为后盾而垄断了权威性约束规则制定权。"[1]

　　埃利亚斯直接将分殊的观念运用于解释现代国家问题。他指出，现代国家对暴力的垄断依赖于高度的社会分殊，一部分人开始专门作为"垄断暴力"的力量。"只有随着这种中央政权和专门的统治机构持久的独占的形成，统治单位才具有'国家'的性质。"[2]

　　不过，在众多历史社会学国家研究的文献中，贾恩弗朗哥·波齐的研究对国家权力与国家自主性关系的分析颇有见地。波齐有深厚的德国历史学与法学知识背景，他的研究显然受到包括施密特在内的德国法学与历史学影响。波齐关于国家的定义包括组织、分殊、强制控制、主权、领土、集权、不同部分之间的正式协助等特征。[3]波齐在给国家下定义时，强调"分殊"的重要性。所谓分殊，是国家作为"组织"特征的应有之义。"当国家组织行使了所有政治职能而且仅仅行使政治职能时，分殊达到最大化。"[4]我们有必要强调波齐在这里的表

1　Michael Mann, *State, War and capitalism*, Oxford: Blackwell, 1988, p. 4.
2　埃利亚斯，《文明的进程》（Ⅱ），118 页。
3　Gianfranco Poggi, *The state: Its Nature, Development and Prospects*, Polity Press, 1990, pp. 19-23; 参照陈尧译，贾恩弗朗哥·波齐，《国家：本质、发展与前景》，上海世纪出版集团，2007，20—24 页。本文在引用波齐的文本时参照了中译本。
4　Poggi, p. 20; 中译本，21 页。

述，他理想的国家是行使"所有"政治职能，而且"仅仅"行使政治职能。前者表达了国家对合法使用暴力权力的垄断，后者则强调国家与市民社会和个人权利的区分。有时，波齐也用"功能专门化"（functional specificity）来表达同样的内容，他认为功能专门化是现代国家的特征。现代国家"不再像古希腊的'城邦'（politeia）那样直接等同于宽泛意义上的社会"，"国家并不声称或企图囊括并控制全部的社会存在"。[1]

波齐关于国家的分类在很大程度上沿袭了施密特的分类。他认为近代国家的演变经历了封建主义、等级制国家、绝对主义国家和立宪国家几个阶段。在当代世界，国家演变为西方的自由主义民主国家和苏联的政党国家两种类型。波齐对自由主义民主国家的发展前景颇为悲观。他注意到"20世纪工业社会中国家的结构以及国家的活动方式"产生了重要变化。一方面，"国家机构的规模和数量不断扩张"，另一方面，国家在"社会活动的管理以及个人的活动和机会提供方面承担了越来越重要的功能"。[2]国家超越了单纯的政治职能，渗透入市民社会和个人生活，造成市民社会不同的利益团体影响公共决策。

这种状况造成现代国家的危机：自由主义民主国家开始丧失"国家在早期确立其独特性时所具有的两个特征——也是它的优越性——即国家作为一种制度化的政治权力中心的特征：

---

1  Gianfranco Poggi, *The Development of the Modern State: a Sociological Introduction*, Stanford University Press, 1978, pp. 96-97.
2  同上，130 页。

统一和理性"。[1]尤其是统一性，它是国家结构的基本特征。根据波齐，统一性意味着国家"从制度上将领土范围内从事政治活动的所有社会单位纳入一个单一的中心。在这一结构中，政治中心行使最高的政治创议权力，动员和控制所有其他单位，将这些单位看作是一个复杂政治分工体系的组成部分，由政治中心统一实施领导和监督"。[2]

波齐分析道，现在，由于国家权力过分扩张，国家已经不再是蒂利所定义的那种"组织"，而成为"一种庞大的、多样的、复杂的组织环境"。"国家内部的各个组成部分本身成为彼此分离的、在很大程度上自主的组织。这些组织极力摆脱更高层单位的有效领导和监督，并且相互之间展开竞争，或者互相之间结盟以逃避和抵制更高单位对它们实施的官方领导或监督活动。"[3]这种情形导致"当代国家结构退回到那些类似于国家出现之前或国家成熟之前的政治安排"。波齐甚至用封建的术语将各单位的权力描述为"封地"：一方面国家机构之间互相孤立并形成竞争，另一方面，公共权力被许多私人权力（尤其是经济权力）所篡夺。[4]

波齐在分析自由主义民主国家危机的同时也分析了当时的苏联国家体制。苏联国家体制的特征是"国家活动范围的高度扩张"，国家控制经济、社会生活所有方面。他将这种国家体

---

1　Gianfranco Poggi, *The Development of the Modern State: a Sociological Introduction*, Stanford University Press, 1978，186 页。

2　同上，186 页。

3　同上，186 页。译文参照原文稍有修改。

4　同上，187 页。

制称为"单元组织的社会"。"在该社会中'几乎所有社会活动
都是由一个任命制产生的等级结构在统一命令指挥下进行安排
的'。它所需要应对的是将一个庞大的、日益发达和复杂的社
会看作是一个单一的组织，通过一个单一的、广泛的和专断的
命令结构来接受各种来自上级的重要命令，它不需要处理任何
独立的社会力量所代表的利益和战略——因为社会内部不存在
需要应对的任何独立社会力量。"[1]

　　波齐对苏联模式的国家体制发展前景颇为负面。他断言单
元组织的社会无法建立一个更为发达的经济秩序，并最终会导
致经济上的失败。[2]

　　如果将福山的国家定义和上述重要历史社会学的定义比
较，可以发现，福山的定义令人诧异地忽略了国家与社会"分
殊"（differentiation）这一特征。如前文所述，福山关于国家
的定义包括：第一，享有集中的权力；第二，对合法强制权力
的垄断；第三，领土性；第四，等级制；第五，宗教信仰所产生
的合法性。[3]福山似乎没有意识到国家与社会分殊作为现代国
家根本结构特征这一问题。

　　引入国家与社会关系的视角是理解国家能力与国家自主
性的关键。譬如，如果抛开国家与社会的关系，仅仅从国家内
部结构的角度分析问题，我们便无法理解传统中国的国家、改

---

1　Gianfranco Poggi, *The Development of the Modern State: a Sociological Introduction*,
　　Stanford University Press, 1978，168 页。
2　同上，171 页。
3　福山，《政治秩序的起源：从前人类时代到法国大革命》，79—80 页。

革开放前的国家和今天的国家有哪些区别，也无法理解中国自 1978 年以来在国家构建方面的成就。

应该说，从 20 世纪 80 年代开始，中国进行了一系列在本质上是以现代国家构建为目标的改革。当然，由于中国改革以前政治制度的全能主义特征，中国现代国家的构建路径不同于近代西方。在近代西方，国家构建的过程是逐步建立国家制度、官僚制度、现代公共财政制度的过程，换句话说，是一个从无到有的"立"的过程。而中国现代国家构建的过程则是一个复杂的破与立交织的过程。在中国的环境下构建现代国家面临双重任务，即在缩小国家权力范围的同时增强国家提供公共产品的能力，或者，换句话说，在解构全能主义国家（de-totalization）的同时实现现代国家构建（state building），重新构建专门履行国家职能的、以分殊与有限政府为原则的国家机构。[1] 只有实现了现代国家的构建，才可能建立具有普遍意义的法律秩序，为社会主义市场经济制度的建立、为经济发展提供了保障。这种改革路径的选择是中国的政治改革与苏联、东欧政治改革的根本区别。

由于福山在讨论国家构建时忽略了国家与社会的关系问题，他在整个国家问题的讨论中几乎全然没有关注苏联体制所产生的全能主义国家的制度特征。他在这部皇皇巨著中几乎没有关于苏联、东欧、改革开放前中国的描述。而且，对中国改革开放以来在国家构建方面的巨大改革几乎只字未提，似乎中

---

1　参见李强，"自由主义与现代国家"，陈祖为等编，《政治理论在中国》，香港：牛津大学出版社，2001，166 页。

国改革前后的国家属于同一类型。事实上，中国改革开放之后在国家体制方面的变化是巨大的，从全能主义国家转变为具有一定程度的国家与社会分殊的社会。如果不理解这种转变，就无法解开中国最近三十多年来快速经济发展之谜。在一个全能主义体制下是无法发展出市场经济的。

而且，在笔者看来，引入国家与社会的关系不仅对理解中国和苏联、东欧的改革有意义，而且对于理解福山所关注的西方的"政治衰败"或许也有所裨益。福山在《政治秩序与政治衰败》中将美国政治的衰败解释为因民主蜕化而产生的国家非人格化特征的弱化。但是，如果我们将视野不仅局限于美国，而且扩展到欧洲，我们或许可以看到波齐所担心的自由主义民主国家，即福利国家的困境。由于国家权力的极速扩张，欧洲国家的职能已经远远超出"仅仅政治"的范围，这或许可以部分解释国家在"政治"领域的无能。

笔者对福山的国家理论虽有所批评，但丝毫不降低笔者对福山贡献的高度评价。通常而言，学术著作的贡献可以有多种方式。有的以其哲理的深刻与逻辑的严密在理论上有所创新；有的以其资料的丰富扎实为学术界提供新的增量知识；有的以其视角的敏锐新颖启迪人们思考。福山自 1989 年发表《历史的终结？》以来，始终站在政治理论界探索的前沿，不断思考世界出现的新问题，探索解释这些问题甚至解决这些问题的方式。他的国家理论对于中国学术界以广阔的历史视角与宽泛的比较视角思考中国自身的国家问题一定会有诸多启迪意义。

献 给

马丁·李普塞特

# 目 录

## 2005 年版序言

　　自美国主导入侵阿富汗四年以来，美国已经从阿富汗和伊拉克吸取了国家构建方面的一些惨痛教训。美国在这两国的策略代表不同形式的占领，在阿富汗采取了"弱干预"，在伊拉克则采取了"强干预"。

　　在阿富汗，哈米德·卡尔扎伊（Hamid Karzai）领导的临时政府较早实现了主权回归，其标志是 2001 年 12 月通过的《波恩协议》（Bonn Accord）。通过北方联盟（Northern Alliance）这一强大的本土盟友，美国取缔了塔利班，并从一开始就有广泛的国际合作伙伴参与。联合国及其代表拉赫达尔·卜拉希米（Lakhdar Brahimi）在这一权力转交的组织化和合法化过程中扮演了极其重要的角色，其他北约盟国从一开始也被分配了特定的角色和任务（如德国承担了警察培训的责任）。尽管在阿富汗，美国仍然是主要的外来军事力量，美国军队仍保持在一个相对较小的总体规模内，除了在喀布尔以外，美国在大多数情况下也没有企图在任何地方维持国内秩序。而且其长远的政治目标是温和的：美国从来没有承诺将阿富汗变成一个标准的民主国家；其目标是该国不再是恐怖分子的避风港，并为其人民带来一些稳定。2004年10月9日，哈米德·卡尔扎伊当选为总统，在这个从未进行过总统选举的国家能够有如此高的投票率，的确让人印象深刻，但这不过是锦上添花。

在伊拉克情况却大不相同，美国的目标更加雄心勃勃，其干预更深入。美国总统布什在战前曾表示，伊拉克将会被改造成一个民主国家，而这场战争将是改造大中东地区政治的宏伟计划的开端。军事行动主要是由美国和英国军队展开，而没有像在阿富汗那样借助任何本土盟友的帮助。随着萨达姆·侯赛因（Saddam Hussein）政权的倒台，联军临时权力机构（the Coalition Provisional Authority，CPA）成为伊拉克的最高权威，而美国维系这一权威机构超过13个月，直到2004年6月28日才交还给伊拉克临时政府。联军临时权力机构的任务是为伊拉克从头至尾构建政府，并象征性地搬进了曾经被萨达姆霸占的旧共和国宫。尽管美国在2003年夏天成立了一个由25人组成的伊拉克管理委员会，但是在占领后第一年，伊拉克人在该国实际治理中的贡献是微不足道的。

阿富汗和伊拉克代表了两个非常不同的重建管理模式。前者用温和的手段以达成相对温和的目标（尽管国外力量的参与从2004年就开始大幅提速），并试图尽可能地把责任分担给地方上的执行者（如北方联盟）以及其他国际合作伙伴（如联

xi

合国或北约盟国）。伊拉克模式则让美国投入非常可观的资源，以实现其雄心勃勃的目标，并尽可能多地掌控重建工作。尽管美国试图让更多的国家参与到伊拉克重建，尤其是其成本开始飙升的时候，但仍不愿意让他国承担类似盟军在阿富汗所担负的职责。

以这种方式持续下去有许多缺点。联军临时权力机构实际上是一个庞大的新兴官僚机构，是在空中和地面的安全条件都非常不利的情况下创立的，后来事实证明，其安全状况还进一步出现恶化。一般来说，大使馆或者国家工作组是美国领导国家构建任务的典型组织方式，但在伊拉克却没有任何专业人士储备来应对这样的海外任务。全部职员必须以个体的形式进行招聘，他们大多只担任 90 天的任务，这就限制了他们的工作效率以及他们与当地伊拉克人构建的关系。纵观其整个运营过程，联军临时权力机构一直处于人手不足的状态，不得不花费大量精力建立自己的组织，而不是给伊拉克人提供政府服务。因为该组织无先例可循，其权力构架也都非常让人困惑。尽管大使保罗·布雷默（Paul Bremer）名义上是在国防部长唐纳德·拉姆斯菲尔德（Donald Rumsfeld）手下工作，并向其汇报，他越来越多地直接向白宫工作人员汇报，从而绕过华盛顿五角大楼的官僚机构。

据报道，联军临时权力机构与当地美军指挥部以及联合特遣第七部队的关系紧张且混乱。在伊拉克驻扎的大规模美国军事力量，及其在维护法律和秩序中扮演的角色，让伊拉克人民觉得愈发压抑，由此也在一定程度上激发了对它的暴力反抗。

然后，随着主权在 2004 年 6 月完成交接，这整个大的官僚机构不得不解散，其职能交还给伊拉克政府部门或新使馆、国家工作组。随着不同角色和任务重新分配到不同的官僚机构，再一次导致了大规模的混乱。

这种强干预模式的另一个大问题是所有权。发展实践者已经认识到，当地群体如果没有所有权，任何机构都根本无法长期运行下去。联军临时权力机构的模式很明显耽误了将伊拉克政府所有权归还给伊拉克人的进程。虽然鉴于当地缺乏值得信赖的合作者，这样的延误在战争结束后貌似是不可避免的，但现在回想起来，占领当局显而易见应该将找到这样的合作者视为他们的首要任务。

最初由大使约翰·内格罗蓬特（John Negroponte）主持的伊拉克主权归还，联军临时权力机构的解体，以及将它替换为常规的大使馆（尽管是世界上最大规模的美国大使馆），无非是心照不宣地阐明，布什政府在伊拉克重建方面的最初手段上有重大失误。内格罗蓬特采用了比布雷默大使低调得多的姿态，一直在后台树立伊拉克临时政府总理伊亚德·阿拉维（Iyad Allawi）的权威，并悄悄地大力协调 2005 年 1 月 30 日的第一次选举。

这次选举在伊拉克的什叶派和库尔德地区都有高投票率，证明美国这一政策获得了明显的成功。虽然大多数逊尼派反感或害怕投票，但该国内最大的两个社群得以首次选出合法领导人，并由其开启编写宪法和谈判权力共享的权宜之计，不过这一过程将注定是漫长且痛苦的。逊尼派是否可以被引导回政治进程中，库尔德人和什叶派是否能够解决他们关于伊拉克联邦制本质的分歧，或基尔库克等地区的财产所有权归属，这一切都有待观察。但至少这一进程已经开始。

实际上，美国已经改变了最初的强干预策略，转而采用更为轻巧的策略，这表明它是能够在一定程度上从过去的错误中吸取教训的。但这样的中途修正是否足以拯救华盛顿最初失算的败局，一切还有待观察。由于伊拉克政府基础设施的崩溃或被刻意解体（例如解散伊拉克军队），美国从占领开始就相当于浪费了一年的时间。正是在这失去的一年间，前复兴党成员、逊尼派民族主义者和外国恐怖分子完成了组织活动，并开始了针对美军占领和伊拉克新政府穷凶极恶的游击战。

从长远来看，美国面临的挑战将是长期的承诺。在国家构建上，美国一直有注意力持久性的问题：在最初的危机和随后爆发的一系列活动之后，国会和公众对此的兴趣往往非常高涨；之后，媒体的注意力开始消退；再之后，人们开始呼吁减少人员伤亡和开支。在伊拉克，美国毫无疑问过早地宣布获得胜利：美军的早日退出很明显可以给国内政治加分，尤其是鉴于新当选的伊拉克政府对于美军的延长驻扎也是抱着模棱两可的态度。但是，国家构建的长期任务才刚刚开始，起草新宪法只不过是其中一小点。

讽刺的是，阿富汗的长远前景看起来反而更乐观。这部分源于最初采取的"弱干预"策略，这其中除了向阿富汗人提供更大的自主权之外，还节省了美国纳税人的资源，因此从长远来看更具有政治可持续性。在过去的一代间，阿富汗人民所经历的道德考验跟德国和日本在第二次世界大战结束时所经历的如出一辙，他们的疲惫不堪成为缓慢建立一个新政治秩序的有利背景。

在我企图解决的关于国家构建的大问题中，阿富汗和伊拉克不过是其中一小部分。无论美国及其合作伙伴在这两个国家遇到什么困难，两个国家的重建工作中存在的问题至少是有已知的解决方案。倘若在软弱的国家，而非失败的国家，问题就不一样了，这类国家当然也有治理薄弱以及阻碍经济改革和增长的严重政治障碍等问题。在这些国家，问题不再是外界占领当局和冲突后的当地政府之间的关系，而是一个主权国家和 xvi
国际社会的关系，后者往往由多边或双边捐助者和非政府组织作为代表。在这些国家，如何推动制度改革依然是让人头疼的问题。到今天，已经有很多文献讨论了附加条款作为一种催生制度改革需求的手段的局限性，以及这一手段本身如何阻碍体制发展。许多问题都是在捐助者这边，它们的援助动机是要马上看到可量化的短期成果，而不是耐心等待长期的制度建设的实现。如何调整这些激励措施，并拿出新的办法来进行制度改革（如共享主权的概念）构成了政治发展研究的一个新的重要领域。

于华盛顿

2005 年 5 月

# 初版序言

　　国家构建是指建立新的政府制度以及加强现有政府。我在这本书中的观点是，国家构建是国际社会最重要的问题之一，因为软弱或失败的国家是世界上很多最严重问题的根源，从贫穷到艾滋病，从毒品到恐怖主义，不一而足。我还认为，虽然我们对于国家构建已经有所了解，但还有很多东西我们知之甚少，特别是如何将强有力的制度移植到发展中国家去。我们知道如何跨越国际边界转移资源，但有效运转的公共制度却需要某些思维习惯的支持，并且它的运行方式很复杂，因此难以移植。对于这个领域，我们需要更多的思考、关注和研究。

　　如果说跟限制或削弱国家相反，国家构建应该成为我们最重要的议程，这样的观点可能会让一些人觉得荒谬。毕竟，在过去的一代人时间里，世界政治中的主导趋势一直是对"大政府"的批判，以及尝试将各类事务从国有部门转移到私人市场或民间社会。但尤其是在发展中国家，软弱、无能或根本缺失

xviii

的政府是各种严重问题的根源所在。

例如在非洲，艾滋病（AIDS）疫情已经感染了 2 500 多万人，并将夺走相当多的生命。在发达国家，已经通过抗逆转录病毒药物实现了对艾滋病的控制。人们强烈要求为艾滋病治疗提供公共资金，或施加压力让制药公司在非洲和第三世界出售廉价版本的药品。而艾滋病问题的一方面是资源的问题，另一重要的方面是政府管理健康项目的能力。抗逆转录病毒药物不仅价格昂贵，而且怎么使用也相当复杂。这些药物和普通注射疫苗不同，必须在很长一段时间进行复杂的剂量注射；不遵守该方案可能使疫情更加恶化，因为人类免疫缺陷病毒会发生变异，并发展出耐药性。有效的治疗需要强大的公共卫生基础设施、公共教育，以及疾病在特定地区的流行病学知识。在撒哈拉以南的许多非洲国家，即使不缺资源，也没有治疗疾病的制度能力（尽管像乌干达这些国家比其他国家做得要好一些）。因此应对这一流行病，需要帮助受灾国发展制度能力，让它们可以运用所获得的资源。

贫穷国家缺乏国家能力的问题已然更直接影响到发达世界。冷战结束后，留下了一群失败、软弱的国家，从巴尔干半岛一直到高加索地区、中东、中亚和南亚。20 世纪 90 年代，国家崩溃或软弱无力已经在索马里、海地、柬埔寨、波斯尼亚、科索沃和东帝汶导致了重大的人道主义和人权灾难。在一段时间内，美国和其他国家还可以假装这些只是局部区域的问题，但 9·11 袭击证明，国家软弱已经成了巨大的战略性挑战。恐怖主义加上大规模杀伤性武器供给，这成了治理不力造成的问题之中又一重大的安全隐患。在阿富汗和伊拉克的军事行动之后，美国不得不担起这些地区国家构建这个重大的新任务。一夜之间，支持或从零开始创建国家能力和制度已经上升到全球议程的首要位置，也极可能成为世界重要区域安全的主要条件。因此，国家软弱既是首要的国内问题，也是首要的国际问题。

这本书分为三个主要部分。第一部分勾勒了一个分析框架，用以理解"国家"（stateness）的多个维度，即政府的功能、能力以及合法性依据。这一框架将解释为什么在大多数发展中国家，国家并非太强，而是太弱。第二部分着眼于国家软弱的原因，特别是为什么至今没有公共行政科学，尽管最近经济学家一直企图建立这一学科。这一科学的缺失大大限制了外人帮助各国提高其国家能力。最后一部分讨论了国家软弱如何导致了不稳定，国家软弱如何在国际体系中侵蚀主权原则，以及在国际上，民主合法性何以主导了美国在国际体系中与欧洲和其他发达国家之间的纠纷。

这本书是基于 2003 年 2 月 18 日至 21 日我在纽约州伊萨卡的康奈尔大学（Cornell University）所作的"梅辛杰讲座"（Messenger Lectures）。我非常感谢康奈尔大学，我的本科母校，以及前任校长亨特·罗林斯（Hunter Rawlings）邀请我回访母校，让我有幸在这个著名讲座上宣讲。我尤其感谢康奈尔大学社会学系的倪志伟（Victor Nee）协助我准备这一系列讲座，并在新成立的经济和社会研究中心招待我。我也要感谢该中心副主任理查德·斯韦德伯格（Richard Swedberg）的帮助。

　　第三章的一部分内容来自我在澳大利亚墨尔本所做的约翰·伯尼森讲座（John Bonython Lecture），以及我在新西兰惠灵顿所做的罗纳德·特罗特爵士讲座（Sir Ronald Trotter Lecture），这两个讲座都是在 2002 年 8 月。我非常感谢独立研究中心及其主管格雷格·林赛（Greg Lindsey），以及新西兰商业圆桌会议的罗杰·克尔（Roger Kerr）、凯瑟琳·贾德（Catherine Judd），他们把我的家人和我带到了他们所在的那部分世界。《国家利益》（*The National Interest*）前主编欧文·哈里斯（Owen Harries）也对我的演讲提供了宝贵的意见。

　　这本书中很多的想法来自我和西摩·马丁·李普塞特教授（Seymour Martin Lipset）在乔治·梅森大学（George Mason University）公共政策学院所教的一个比较政治学的研究生课程。多年来，我从马丁·李普塞特那里受益匪浅，我谨以本书献给他。

　　我从一些朋友和同事那里收获了许多有益的意见和建议，包括罗杰·利兹（Roger Leeds）、杰西卡·艾因霍恩（Jessica Einhorn）、弗雷德·斯塔尔（Fred Starr）、恩佐·格里尼（Enzo Grilli）、迈克尔·曼德尔鲍姆（Michael Mandelbaum）、罗伯特·克里特格德（Robert Klitgaard）、约翰·伊肯伯里（John Ikenberry）、迈克尔·伊格纳季耶夫（Michael Ignatieff）、彼得·博伊特克（Peter Boettke）、罗布·切斯（Rob Chase）、马丁·谢夫特（Martin Shefter）、杰里米·拉布金（Jeremy Rabkin）、布莱恩·利维（Brian Levy）、加里·哈

默尔（Gary Hamel），莉萨·韦利坎加斯（Liisa Valikangas），理查德·帕斯卡尔（Richard Pascale），切特·克罗克（Chet Crocker），格雷斯·古德尔（Grace Goodell），马克·普拉特纳（Marc Plattner）和凯伦·莫科尔斯（Karen Macours）。

本书所基于的讲座，有一部分我在美洲开发银行和美国国 xxii际开发署的讲座中也用到。为此，我要感谢美洲开发银行总裁恩里克·伊格莱西亚斯（Enrique Iglesias），美国国际开发署的政策方案协调促进局的安·菲利普斯（Ann Phillips）协助安排这些讲座。第三章的部分也用于我在以下各处的演讲，包括弗吉尼亚大学的米勒中心（Miller Center），哈佛大学肯尼迪政府学院的卡尔中心（Carr Center），SAIS 的跨大西洋中心（Transatlantic Center），希拉丘斯大学（Syracuse University）的麦克斯韦尔学院（Maxwell School），以及德国马歇尔基金会（German Marshall Fund）。

我的研究助理马蒂亚斯·马修斯（Matthias Matthews），克里斯蒂娜·科斯基（Krisztina Csiki），马特·米勒（Matt Miller），特别是比约恩·德雷斯尔（Bjorn Dressel）为本书的材料收集提供了极大的帮助。我的助手，辛西娅·多罗加齐（Cynthia Doroghazi）在项目的许多不同阶段为我提供帮助。

我一如既往地感谢我的家人，谢谢他们在我这本书写作过程中的支持。

# 第 1 章　国家缺失

从第一个农业社会兴起于美索不达米亚开始，国家作为一个古老的人类制度，距今已经有约六千年的历史了。在中国，训练有素的官僚政府已经延续了数千年。在欧洲，可以部署大规模军队、有权力收税、有中央集权的官僚体系、在幅员辽阔的领土行使主权的现代国家的出现，则是更近的事情，距今不过四五百年，譬如法国、西班牙和瑞典君主制的巩固。这些国家的崛起，以及它们可以保障秩序、安全、法律、财产权利，都源于现代世界经济的崛起。

国家有多种多样的功能，既可为善，也能作恶。同样的强制权力可以用于保护产权和维护公共安全，也可以没收私有财产和侵犯公民权利。国家所垄断行使的合法性权力，在一国之内使个体从霍布斯（Hobbes）所谓的"人人相互为敌的战争"中解放出来，但在国际层面上又成为冲突和战争的基础。现代政治的任务一直是驯服国家权力，使其朝着其服务的人民认为合法的方向发展，并通过法律规范权力的行使。

在这个意义上，现代国家绝无普遍性可言。在欧洲殖民主义到来之前，在譬如撒哈拉以南非洲等世界大部分地区，现代国家根本不存在。第二次世界大战后，去殖民化使得各个发展中国家纷纷开始了国家构建的过程，在印度和中国这一过程获得了成功，但在非洲、亚洲和中东等许多其他地区，这一过程只是停留在名义上。最新一个欧洲帝国（即苏联）的崩溃，也导致了类似的过程，新出各国的结果虽有不同，往往都是陷入困境。

因此，国家软弱的问题以及对于国家构建的需求已经存在多年，但9·11袭击事件使这些问题更加突显。贫穷不是导致恐怖主义的直接原因：9·11袭击世界贸易中心和五角大楼的组织者来自中产阶级，而他们的激进化并不发生在其母国，而是在西欧。然而，此次袭击给西方带来的核心问题是：现代国家为世界提供了一个极具吸引力的方案，它将市场经济的物质繁荣和自由民主的政治文化结合起来；这样的方案在世界上有很多人想要，欠发达国家向发达国家流动的移民和难民在很大程度上就证明了这一点。

但对于世界各地的许多社会来说，要实现自由西方的现代性是非常困难的。虽然一些东亚国家在过去两代成功地完成了这种转变，其他发展中国家在此期间要么发展停滞，要么实际上已经出现倒退。目前的问题是，自由西方的制度和价值观是否真的是普世的，还是如塞缪尔·亨廷顿（Samuel Huntington 1996）所说，它所代表的仅仅是北欧世界某一部分文化习俗的延伸。西方各国政府和多边发展机构一直没能向发展中国家提供些有用的建议或帮助，这一事实阻碍了它们追求更高的目标。

## 国家角色之争议

我们可以有把握地说，对于国家的适当规模和实力的争议，在很大程度上塑造了20世纪的政治。在20世纪开端，世界领先的自由国家——英国，主导着自由世界的秩序。在军事领域之外，英国以及其他主要欧洲强国的国家活动范围并不十分广泛，而在美国则更是狭窄。当时没有所得税、贫困计划、食品安全法规。随着20世纪历经一战、革命、经济萧条和二战，这一自由世界秩序出现崩溃，在世界大部分地区，自由民主的最"小"国家被更加高度集权和积极的"大"国家所取代。

另一发展趋势即是弗里德里希和布热津斯基（Friedrich and Brzezinski 1965）所谓的"极权主义"国家，这一趋势企图废除整个公民社会，并让孤立个体屈服于国家的政治目的。右翼版本的这一实验随着1945年纳粹德国的战败结束了，而当柏林墙在1989年倒塌时，左翼版本在自身矛盾的重压下也崩溃了。

在非极权国家，国家的规模、功能和范围也增加了，这包括20世纪前四分之三时间内的几乎所有民主国家。在大多数西欧国家以及美国，20 世纪初国有部门消耗国内生产总值（GDP）的 10% 多一点，而到了 20 世纪 80 年代它们消耗近 50% 的 GDP（在社会民主主义的瑞典，这一数字为 70%）。

　　这一数字的增长以及它所导致的效率低下和意料之外的后果，引发了一场以"撒切尔主义"（Thatcherism）和"里根主义"（Reaganism）为形式的轰轰烈烈的反向运动。20 世纪 80 年代和 90 年代的政治的特点是，自由主义思想在绝大多数发达国家再度崛起，并伴随着各种抑制甚至想要扭转国有部门增长的尝试（Posner 1975）。哈耶克（Friedrich A. Hayek）在 20 世纪中叶的看法受人嘲笑，他认为极权主义与现代福利国家之间存在关联（Hayek 1956），而到了 1992 年他去世前，这一思想已经颇受重视——不仅在保守、中间偏右的政党上台的政治世界里，而且在学术界也是如此，新古典经济学作为社会科学龙头获得了巨大声望。

　　在 20 世纪 80 年代和 90 年代初这一关键时期，削减国有部门的规模是政策的主旋律，当时许多共产主义世界国家，拉丁美洲、亚洲和非洲国家从威权统治中脱离出来，力图实现亨廷顿（Huntington 1991）所谓的"第三波"民主化。毫无疑问，共产主义世界中囊括一切职能的国有部门必须大幅缩减，但国家膨胀的症状已经传染到了许多非共产发展中国家。例如，墨西哥政府占 GDP 的比重从 1970 年的 21% 扩大到 1982 年的 48%，其财政赤字达到 GDP 的 17%，这就为当年所出现的债务危机埋下了祸根（Krueger 1993, 11）。撒哈拉以南很多非洲国家的国有部门掌管大型国有企业和农产品销售局，而这些举措对生产力都有负面影响（Bates 1981, 1983）。

为了应对这些趋势，像国际货币基金组织（IMF）和世界银行这样的国际金融机构以及美国政府提出了一系列旨在减少国家干预经济事务程度的措施——发起者之一称之为"华盛顿共识"（Williamson 1994），其在拉丁美洲的批评者则称之为"新自由主义"。进入 21 世纪初，华盛顿共识遭到了无情的攻击；批评不仅来自反全球化的抗议者，也来自学术界内有较高经济学造诣的学者（参见 Rodrik 1997；Stiglitz 2002）。

现在回头看来，华盛顿共识本身并没有什么不妥：在很多情况下，发展中国家的国有部门都是经济增长的障碍，这一问题在长远看来只能通过经济自由化来解决。但是，问题在于，尽管国家在某些方面需要削减，在其他方面却需要加强。那些推动经济自由化改革的经济学家在理论上对此有非常清楚的认识。但在这一时期，因为严重偏向强调削减国家功能，这可能常常混淆为或被有意曲解为全面削减国家能力。国家构建至少是与国家削减同样重要，但却从未受到同等的重视。结果是，在许多国家，经济自由化改革未能兑现其承诺。事实上，一些国家缺少适当的体制框架，自由化让它们陷入比没有自由化还要糟糕的境地。问题在于，缺乏对国家的不同维度以及这些不同维度是如何与经济发展相关的概念性理解。

7

## 范围与实力

在开始分析国家在发展中的作用的时候，我想要提出这样一个问题：美国的国家是强还是弱？李普塞特（Lipset 1995）给出一个明确的答案：美国制度设计之目的就是削弱或限制行使国家权力。美国诞生于一次对抗国家权威的革命，其产生的反集权的政治文化体现在对国家权力的制约上，譬如明确保护个人权利的宪政、权力分离、联邦主义，等等。李普塞特指出，美国福利国家建立时间晚于其他发达民主国家，并一直保持在较为有限的范围内（例如没有全民医疗系统），美国对市场的管制要少得多，而在 20 世纪 80 年代和 90 年代，美国又率先削减福利国家。

另一方面，美国的国家在另一种意义上是非常强的。马克斯·韦伯（Max Weber 1946）将国家定义为"在一特定的领土内（成功）垄断武力合法使用权的人类共同体"。换句话说，国家的本质是"强制执行"：最终可以派遣身着制服的专人用枪迫使人们遵守国家法律。在这方面，美国的国家是非常强大的：在联邦、州和地方各级，它有一个规模庞大的执法制度，执行一切法律法规，从交通规则，到商业法律，到违反人权法案，不一而足。由于各种复杂的原因，美国人不如其他发达民主国家的公民遵纪守法（Lipset 1990），但并不缺少拥有大量执法权力、广泛且往往惩罚力度强的刑事和民事司法体系。

换句话说，美国有一套有限政府的体制，这一体制历来限制国家行为的范围；在这一范围内，它的建立和执行法律政策的能力是非常强的。当然，有不少美国人无可厚非地觉得他们政府的效率和敏锐度实在不值一提（例如，参见 Howard 1996）。但是美国的法治是世界很多地区所艳羡的：那些抱怨当地机动车管理部门的美国人，应试着到墨西哥城或雅加达去考驾照或应对交通违规处理。

　　因此，我们需要区分清楚两者，国家活动范围指的是各国政府不同的功能和目标，而国家政权力量，或国家清晰透明地计划和执行政策和法律的能力，就是我们常说的国家或制度的能力。我们对于国家概念的理解常常混淆的是，实力（strength）一词通常无差别地既指范围，又指实力或者能力。

　　对于国家这两个维度的区分使得我们可以就此创建一个坐标，以利于区分世界各地国家的国家特质。就国家的范围而言，我们从"必要和重要"到"有需要"再到"可有可无"画一条连续线，在某些情况下还可以包括"适得其反"甚至"有破坏性"。对国家功能的层级没有定论，特别是涉及像再分配和社会政策之类问题。但大多数人都同意的是，国家功能必须要有某种程度的层级：在提供全民医疗保险或免费的高等教育之前，各国必须能够保障公共秩序和国防，以抵制外来入侵。世界银行在 1997 年发布的《世界发展报告》（World Bank 1997）为国家功能提供了一份有说服力的列表，表中将功能分为三大类，范围从"最小"到"中等"到"积极"（见图 1）。这个名单显然没有穷尽，但提供了一个颇有参考意义的国家范围标准。

　　如果我们在图 2 中将这些功能沿 X 轴分布，就可以在沿轴

10

11

| | 应对市场失灵 | | | 促进公平 |
|---|---|---|---|---|
| 最小功能 | **提供纯粹的公共产品** | | | **保护穷人** |
| | 国防 | | | 扶贫计划 |
| | 法律与秩序 | | | 救灾 |
| | 产权保护 | | | |
| | 宏观调控 | | | |
| | 公共卫生 | | | |
| 中等功能 | **应对外部性** | **反垄断** | **克服信息不完整** | **提供社会保险** |
| | 教育 | 公共设施管理 | 保险 | 养老金重新分配 |
| | 环保 | 反托拉斯 | 金融监管 | 家庭补助 |
| | | | 保护消费者 | 失业保险 |
| 积极功能 | **协调私人活动** | | | **再分配** |
| | 培育市场 | | | 资产再分配 |
| | 集体激励 | | | |

图 1　国家的功能（来源：世界银行《世界发展报告》，1997）

的不同点定位不同的国家，这一定位取决于它们有多么雄心勃勃，或者它们希望建立什么样的政府。当然有些国家会试图建立复杂的政府，譬如运营半官方机构或分配投资，而同时又确保基本公共利益，例如法律秩序或公共基础设施。沿着这条轴线，我们将各国依照其最雄心勃勃想要达成的功能类型来进行定位。

　　另外还有一个完全独立的 Y 轴，它代表制度能力的强度。如上所述，强度在这个意义上包括制定和落实政策与执行法律的能力，用最少的官僚进行有效管理的能力，控制贪污、腐败、贿赂的能力，在政府机构中保持高度的透明度和问责制，以及最重要的是执行法律的能力。

图 2　国家功能的范围

　　显然，对国家制度的实力，我们没有一个普遍认可的衡量标准。不同国家制度沿该轴可以在不同点上找到自己的位置。譬如埃及这样的国家有非常有效的国内安全制度，但却无法完成例如高效处理签证申请或给小型企业授权这般简单的任务（Singerman 1995）。其他国家，譬如墨西哥和阿根廷，在诸如央行等国家中心制度的改革上一直比较成功，但在控制财政政策以及保障优质的公共健康和教育方面却力不从心。这样一来，国家能力在不同功能上的表现可能会有所差别（见图 3）。 13

　　在 20 世纪 90 年代，随着对于制度质量的重新强调，开发出一些相关指标以帮助沿 Y 轴定位各个国家。其中之一是由"透明国际"（Transparency International）推出的"清廉指数"，这一指数主要基于对在不同国家进行业务经营的商业群体的调查数据。另一种是私人制作的"国际国家风险指南指数"，这些指数分别用来测量腐败、法律和秩序、官僚质量 14 等指标。此外，世界银行制定了涵盖 199 个国家的治理指标（Kaufmann, Kraay, and Mastruzzi 2003；有关治理的六个方面的指数可以参见世界银行的网站：www.worldbank.org/wbi/

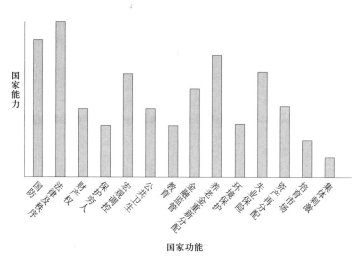

图 3　国家能力（假设）

governance/govdata2002）。此外还有一些更广泛的指标，譬如自由之家（Freedom House）的政治自由和公民自由指数，它把民主和个人权利整合到一个单一值上，并将"政体 IV"（Polity IV）的数据集中于政权特征。[1]

　　如果我们把范围和实力的这两个维度结合起来，放到一个图中，我们就得到图 4 这样一个坐标系。坐标系被整齐地分为四个象限，每一象限代表着对经济增长极为不同的影响。从经济学家的角度来看，最佳区域是在象限 I，它结合了有限的国家功能与强大的制度效度。当然，如果一个国家朝着轴原点移动太远，其经济增长将会停止，也无法履行最低限度的功能，譬如保护产权，但我们的假设是，国家进一步沿着 X 轴向右移动，增长将下跌。

　　当然，经济上的成功不是偏好某一范围的国家功能的唯

15

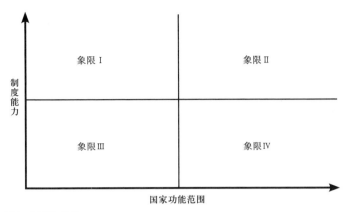

图 4　国家和效率

一原因；许多欧洲人认为，美国式的效率是以社会公正为代价的，他们宁可待在象限 II 而非象限 I。另一方面，就经济表现方面而言，最差的地方是象限 IV，在这一象限中，无能的国家承担起一系列雄心勃勃但它其实根本玩不转的功能。不幸的是，大量的发展中国家就位于这一象限中。

　　为了更进一步地说明，我把若干国家放入这个坐标系中（见图 5）。例如，美国的国家功能范围没有法国和日本那么宽泛；在产业政策上，美国没有像日本在 20 世纪 60 年代和 70 年代那样试图通过信贷分配管理广泛的结构调整，也不会拥有法国那样高能力的顶层官僚。另一方面，美国官僚制度的质量要远远高于大多数发展中国家。相比之下，土耳其和巴西的国有部门占据了大比例的 GDP，运营国有产业，对范围广泛的经济活动进行规范和保护。

　　想要在各种象限内精准地定位每个国家是不可能的，即便

16

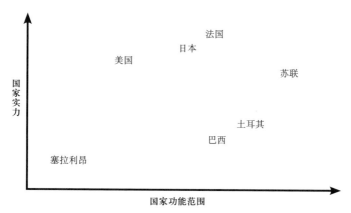

图 5　国家坐标

没有其他原因，一个国家各个行政机关的能力也有所不同。如果我们直接通过收入转移（outright income transfer）和社会计划（social program）测量其大小，日本的福利国家不及法国或德国宽泛。相反，它利用各项规定（如保护小型家庭所有的零售业）及某些宏观经济体制提供同样的社会安全网，譬如工龄工资制度和私营部门的终身雇用制。然而，在历史上，日本的产业政策一直比大多数西欧国家更具有干预性，其国内监管水平也一直非常高。因此，日本应该位于某一典型的欧洲福利国家的左侧还是右侧，目前尚无法确定。

我们也应当明确的是，随着时间的推移，国家也会在该坐标系内移动。事实上，这个坐标系的其中一个价值就是显示国家的动态变化的本质。因此，苏联早先的国家范围非常广泛（例如，没有私有财产），其行政能力中等，而后来功能范围越趋狭窄，国家能力也在相当程度上减弱了。日本在过去二十年

17

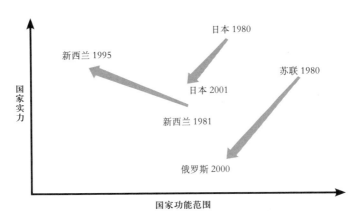

图 6　国家机构力量和国家功能范围随时间而变

里也经历了相同的转变：它在市场自由化、国有企业私有化、放松国内产业管制上（主要是迫于国际压力）做出了努力，但又犹豫不决，同时其引以为傲的官僚制度出现了滑坡（特别是财务省），或为社会利益所绑架。因此，在大约 1980 年到 2000 年间，日本和苏联 / 俄罗斯的国有部门同样向西南方向（按：指坐标系中的方位）移动，但显然它们从极为不同的出发点开始，并且以极为不同的速度移动（见图 6）。

　　这些案例与新西兰形成鲜明对比，在 20 世纪 80 年代中期，新西兰在工党和财政部长罗杰·道格拉斯（Roger Douglas）的领导下开始了一系列自由化改革。到了 80 年代初，新西兰已经发展成世界上最广泛的福利国家之一，但很显然是朝着国家债务膨胀危机和银行储蓄持续下跌的方向发展。开始于 1984 年初的改革使新西兰元开始出现浮动；譬如取消外汇管制，补贴农业和消费，进口许可，奖励出口，将税收结

18

构从收入和销售税转变为基础广泛的消费税，国有企业私有化    19
（New Zealand Services Commission 1998）。这一切都是削减
新西兰国家范围的经典措施。但随着 1988 年《国有部门法案》
的通过，改革的第二阶段开始了，这一阶段旨在加强保留下来
的核心国家机构的行政能力。这些改革要求各部门采用商业会
计标准提交每月财务报告，并把它们置于首席执行官的指导之
下。首席执行官都是通过合同聘用的，合同规定了聘用条件，
增加管理的自由裁量权以实现管理模式的转换，即把各种投入
都用于产生预定的产出，并在政府内部通过合同制等手段建立
问责制度（Schick 1996; Boston et al. 1996）。因此，到 20 世纪
90 年代中期为止，新西兰朝着其选择的西北方向移动。


## 范围、实力和经济发展


20 世纪 90 年代，许多国际金融机构的发展议程发生了巨
大转变，大致如下所述。毫无疑问，在象限 I 比在象限 IV 好，
但在制度实力强大和国家范围宽泛的象限 II 是否更好呢？又
或者在制度软弱和国家有限的象限 III 更好？20 世纪 90 年代
初，许多经济学家首选象限 III，理由是市场能够实现自我组    20
织，或制度和剩余的国家能力能够在一定程度上实现自理。所
谓的华盛顿共识是一个颇为明智的经济政策措施清单，其设计
目的就是通过减少关税保护、私有化、削减补贴、放松管制来
使国家沿着 X 轴向左移动。毕竟没有理由让巴西政府运营钢

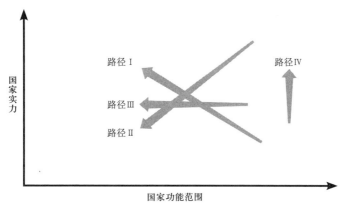

图 7　改革路径

厂，或让阿根廷打造国内汽车产业。在许多情况下，转型和新兴市场国家收到的建议都是尽快转向国家范围较小的模式，原因是进行此类改革的政治机遇转瞬即逝，最好是一次性熬过全面调整的阵痛。

　　许多国家面临的问题是，在减持国有范围的过程中，他们要么削减国家范围，要么产生对新型国家能力的需求，这类能力或软弱，或根本就不存在。在某些国家，稳定和结构调整政策所要求的紧缩成为一刀切式地削减国家能力的借口，而不是仅仅在 X 轴右侧的活动。换句话说，改革的最佳路线是一边缩小范围，一边同时提高实力（见图 7 的路径 I），但实际上许多国家的范围和实力双双下降，朝着东南方向发展（见路径 II）。它们最后没有到达象限 I，反而移动到象限 III 去了。

　　20 世纪的最后二十五年，在撒哈拉以南非洲地区就发生了这样的改变。我们常常把撒哈拉以南非洲地区的政权称为

"新家族制"（neopatrimonial）——也就是说，政治力量用于
服务国家领导人支持者的依附者网络（Joseph 1987，Fatton      22
1992）。在某些情况下，譬如扎伊尔的蒙博托·塞塞·塞科
（Mobutu Sese Seko），新家族制造成埃文斯（Evans 1989）所
谓的"掠夺型"（predatory）行为，社会资源的很大一部分被
某一个人窃走了。在其他情况下，它仅仅相当于寻租，就是利
用公共部门重新分配财产的权利，对于某一利益群体特别关
照——这往往指向一个家庭、部落、地区或民族。正如范德瓦
尔（van de Walle 2001）指出的，新家族制政权（通常体现在
总统官邸内）与韦伯式的理性官僚制度共存，这些官僚机构往
往是殖民时代的遗存，其目的是执行例行的公共管理任务。新
家族制网络经常受到现代国有部门的威胁，后者是它的资源竞
争者。

　　非洲国家这样的双重性质意味着，捐助者在 20 世纪 80 年
代和 90 年代所强加的稳定和结构调整方案导致了适得其反的
意外效果。国际借贷共同体呼吁通过实施正统的调整和自由化
方案削减国家的范围。但新家族制政权握有政治上的最终支配
权，它们以外部条件为借口，削减了现代国有部门，同时保护
并往往扩大新家族制的范围。因此，道路和公共卫生等基础设
施的投资在二十年间大幅下降，小学教育和农业上的投资也同
样骤减。与此同时，军队、外交服务以及和总统官邸工作有关
联的所谓主权支出急剧增加。（例如在肯尼亚，总统办公室的
员工总数从 1971 年的 18 213 人增长到 1990 年的 43 230 人。）  23
任何国际贷款人或双边捐助在任何时候都不希望看到这个结

局，但没有一个组织能够通过条款设置来阻止其发生，因为它们无法控制地方政治的结果。

华盛顿共识众多的支持者现在宣称，他们当然明白制度、法治和顺序得当的改革的重要性。但在 80 年代末至 90 年代初，政策讨论中很少涉及 Y 轴的国家能力和国家构建的问题。在没有适当体制的情况下进行自由化是有危险的，而华盛顿的政策制定者极少就此发出警告。事实上，政策制定者当时一般倾向认为，任何程度的自由化都要比不进行自由化要好。[2]

直到历经了 1997—1998 年的亚洲经济危机，以及俄罗斯和其他一些国家所遭遇的问题，人们对于这些问题所进行的思考才开始转向。泰国和韩国所经历的金融危机与外国资本账户过早自由化和缺乏适当的监管制度有关，在缺乏监管的情况下，银行业突然间被大额度的短期国际资本所吞噬（Lanyi and Lee 1999; Haggard 2000）。现在回头来看，很显然在这种情况下，小规模的自由化比没有自由化更危险。譬如韩国放开其资本账户以作为进入经合组织（OECD）的条件，但没有相应放开它的股票市场或更大规模的外国直接投资。这样一来，那些想要从韩国经济奇迹中分一杯羹的外国投资者将他们的资金放在短期账户，一旦有危机迹象，他们可以在第一时间撤回资金。1996 至 1997 年间，当韩国的现金账户开始恶化的时候，短期资本的撤离给韩国货币带来了巨大的压力。这就为 1997 年底的经济危机埋下了祸根。

俄罗斯和其他一些国家的问题略有不同。国有企业的私有化自然是经济改革的合理目标，但它需要强大的制度能力才能正常实现。私有化必然造成巨大的信息不对称，政府必须负责对此予以纠正。对资产和所有权必须进行正确地识别、估价和透明地转移；必须保护新的小股东的权益，以防止资产剥离、掏空和其他形式的滥用。因此，虽然私有化涉及国家功能范围的减少，但它需要运作良好的市场和高度的国家能力来实现。俄罗斯不具备这样的能力，致使许多私有化的资产没能落在可 [25] 以实现其生产力的企业家手中。公共资源被所谓的寡头窃走，这使后共产时代的俄罗斯国家的合法性受到很大影响。

国家力量比国家功能范围更重要，这一新认识反映在正统自由市场经济学掌门人米尔顿·弗里德曼（Milton Friedman）2001年的一次访谈中。他指出，十年前，他对社会主义转型国家再三强调的一个词是："私有化，私有化，私有化。""可是我错了，"他说，"事实证明，法治大概比私有化更基础。"（对 Milton Friedman 的采访，Gwartney and Lawson 2002）

从经济效率的角度看，缩小国家范围更为重要，还是增加国家强度更为重要？换句话说，如果一个国家被迫在图7中的路径 III 和 IV 之间做出选择，哪一条路径可以带来更大的经济增长？这当然不可能一概而论，因为经济表现取决于具体的制度能力和国家功能，以及许多其他因素。但有证据表明，在广义上，国家制度的力量比国家功能范围更为重要。毕竟我们有 [26] 西欧所有的经济增长记录，其国家功能范围远远大于美国，而其制度能力也十分强大。我在其他地方论及（Fukuyama and Marwah 2000），在过去四十年，东亚地区的表现之所以比拉美地区卓越，可能是前一区域国家制度的卓越品质，而不是在国

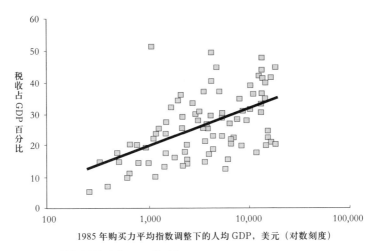

图 8　税收比例与人均 GDP 的对比

家范围上的任何差异。东亚地区虽然有优越的经济表现，但各个国家地区的范围却大有不同，从极简的中国香港到高度干预的韩国，后者在其高速增长时期平均国内保护水平与阿根廷一样高（Amsden 1989）。所有这些国家仍然实现人均国内生产总值的高度增长。相比之下，在治理的几乎每一个层面，拉美地区的整体分数都要比亚洲低。

　　就决定长期经济增长率而言，认为国家实力比范围更重要的另一个原因是，在许多国家，人均 GDP 和政府提取 GDP 的比例之间有相当强的正相关关系（见图 8）。也就是说，较富裕的国家往往是通过它们的国有部门来获取较高比例的国家财富（World Bank 2002）。当然，税收的提取率是国家范围内的措施，特别在人均 GDP 更高的国家，同时它又是测量行政能力

的指标（并且越来越多地被国际金融机构作为量化指标）。也    27
就是说，任何国家都希望能够通过税收获得较高比例的 GDP，
但它们无法做到的原因是无力监控税收或执行税法。税收的提
取率和发展水平之间存在着很强的正相关性，这表明，总体而
言，国家范围过大的负面影响在长远看来可以被更强大的管理
能力的正面影响所抵消。[3]

## 新传统智慧                                                    28

有关国家实力的重要性的讨论，到如今在发展政策界已
经被视为理所当然，至少自 1997 年以来，口头禅就是"制度
很重要"（institutions matter）这一名言（World Bank 1997,
World Bank 2001）。对于国家实力的关注会以各种标题出现，
包括"治理"、"国家能力"或"制度质量"，一直围绕着发展
经济学的不同问题。赫尔南多·德索托（Hernando de Soto,
1989）在《另一条路径》（The Other Path）一书中，提醒发
展研究界正式产权的重要性，以及在更宽泛的意义上运转良好
的法律制度对于效率的作用。德索托（1989，134）派研究人
员去调查在秘鲁首都利马获得小企业法人营业执照需要多长时
间，在花了 10 个月时间，跑了 11 个办事处，花去 1231 美元
后，他们才把合法创业授权带回来。同样的过程在美国或加拿
大花不了两天的时间。这个过程的低下效率是新业务形成的显
著障碍。德索托指出，这迫使穷人企业家投身非正规部门。非

正规部门是富有活力的，它们经常担任贫困社区内某些商品和服务的唯一来源，但缺乏正规的、可执行的财产权利制约了投资视野，阻碍了小企业的发展水平。

于是，发展政策界发现自己的位置极为尴尬。后冷战时代开始时，经济学家的思路占据统治地位，他们强烈鼓吹自由化和较小国家。十年后，许多经济学家得出的结论是，影响发展的一些最重要的变量根本不是经济，而是与制度和政治的关联。国家概念中有一整个维度需要我们去探索，即国家构建，因为我们只专注于国家范围，国家构建被忽视了。许多经济学家发现自己要么在重复五十年前书本上公共管理的陈词滥调，要么在重新制定反腐败战略。 29

传统智慧认为，制度是发展中的关键变量，过去几年一系列的实证研究证明确实如此（参阅 Robinson and Acemoglu 2000；Easterly 2001；van de Walle 2001）。此外，关于制度和制度发展，还有大量的不断深入的研究（参阅 Klitgaard 1995；Grindle 1997, 2000；Tendler 1997；World Bank 1997, 2000, 2002）。

各种形式的"传统智慧"应该让我们学会谨慎。武考克和普里切特（Woolcock and Pritchett 2002）谈论了"向丹麦看齐"的问题，其中"丹麦"代表国家体制运营良好的发达国家，我们知道"丹麦"的模样，以及丹麦实际上如何发展的历史，但在多大程度上这些知识可以转移到索马里或摩尔多瓦这些在历史和文化上与丹麦相去甚远的国家？在多大程度上，有或者可以有这样一种普遍性的制度理论，作为为贫穷国家提供 30

政策指导的基础?

我们还是先回到如何定义当前所谓"制度"这一术语的问题上。20世纪90年代初以来，随着发展研究的线性空间展开成多元的更高的维度，这一领域在许多方面已经出现混乱。民主、联邦制、权力下放、政治参与、社会资本、文化、性别、种族和种族冲突，等等，都作为原料添加到"发展"这锅菜中，炖出最终的味道（Einhorn 2001）。所有这些概念是否为制度构建的一方面，如果是，是以何种方式? 是否在同一个优先级? 它们是否彼此相关? 它们又以何种方式促进发展?

## 制度的供给

如果我们试图理解的核心问题是制度能力; 我们可以从供应方面着手，调查什么样的制度对经济发展至关重要，以及如何设计这些制度。我们需要讨论国家的四个相互交织的层面: 31 （1）组织设计和管理;（2）政治制度设计;（3）合法化基础; （4）文化和结构性因素。

组织设计和管理

作为第一层的组织设计和管理，应用于私营部门所对应的是管理学（和商学院）的领域，应用到公共部门则是公共管理学的领域。公共管理是一个庞大而成熟的研究领域，由一系列专门的分支学科组成。人们可以很容易地通过接受培训和认证获得这一领域的专业知识。虽然人们多次努力想要把关于组织的知识形成类似于微观经济学那样的理论（事实上，一些经济学家认为这是微观经济学的一个分支），但这些尝试都不太让人满意。在本书的第 2 章，我将讨论公共管理研究的现状，以及为什么无法建立统一的组织理论。

政治制度设计

　　国家的第二个方面涉及国家整体层面上的制度设计，而不是组成它的各个机构。我再次强调，这是一个宽广的知识领域，从广义上讲，它在很多方面与政治学领域相呼应。在二战之前，政治学主要关注政治和法律制度的设计，在下一世代，这一方法黯然失色，政治学越来越趋向对于制度及其功能的社会学和结构性解释。20 世纪 80 年代之前，常见的观点是制度不重要，或制度由经济和社会等"亚结构"所决定。不过，制度主义近年来在比较政治学这一分支研究领域里有卷土重来之势，有大量的研究集中在议会制与总统制、各类选举制度、联邦制、政党制度等对经济增长所分别带来的影响（例如，可参见 Cowhey and Haggard 2001）。

　　从比公共管理或组织理论更广的意义上讲，关于国家层面的制度设计的既有知识尚构不成政治经济学上的正式理论或普遍适用的原则。这样的理论应该讨论各种政治设计目标之间（如"代表性"和"治理能力"，例如参见 Diamond 1990）、目

32

标的统一性和制衡之间（Haggard and McCubbins 2001）或力量的分散与集中之间（MacIntyre 2003）的均衡。在大多数社会中，经济目标间亦有竞争，这与其他目标一样，譬如公平分配或种族的平衡，所以就不可能有最优制度，只要是制度，总会青睐某些善（good）胜过其他。

此外，同样的制度既可以促进也可能阻碍经济增长，这取决于是否有互补的制度来增强其功能。例如，人们普遍鼓吹联邦制和分权能够使政府更加适应政治，更能促进经济增长（参见 Weingast 1993）。但在俄罗斯，税收执法不力导致地方政府与联邦政府争抢来自同一税基的税收（World Bank 2002）。由于地方政府能够更便捷地获取信息，结果导致了 20 世纪 90 年代在联邦一级的税收收入的锐减。财政联邦制是阿根廷无力控制预算赤字的原因（Saiegh and Tommas 1998），这个问题同样一直困扰着巴西。

行政部门制度的设计也可能导致同样复杂的结果。胡安·林茨（Juan Linz 1990）发起了一场关于总统制与议会制孰优孰劣的长时间争论。他认为，以赢家通吃和固定期限为特色的总统制，在拉丁美洲及其他地区会导致不稳定和不合法性，这些地区有着显著宪政设计的特点。其他观察人士指出，导致政治僵局等类似重大问题的，往往不是总统制本身，而是立法部门使用的选举制度（例如，在拉丁美洲常见的是总统制与立法比例代表制相结合——参见 Horowitz 1990；Lijphart 1996；Lardeyret 1996；Cowhey and Haggard 2001）。在某些条件下，如复数选区（multimember electoral district）、地理上的小选区（geographically small constituency）、开放名单式比例代表制（open-list proportional representation），鼓励寻租和政治献金极其严重，虽说庇护政治嵌入政党制度很大程度上是由民权扩大和官僚改革的历史顺序所致（Shefter 1993）。所有这些研究丰富了现实主义语境，但作为优化政治制度设计的理论却不甚明晰。

合法化基础

　　国家的第三个方面与系统性制度设计这一问题密切相关，但又有所超越，它将规范性维度纳入进来，也就是说，国家的制度不仅在行政意义上必须作为一个整体协同运作，其合法性也必须为其所在的社会所认可。塞缪尔·亨廷顿（1968）在其著作《变化社会中的政治秩序》中认为，这两个层面是可以分离的：各国可以进行治理，并获得国家的属性，而无需合法性的基础。因此，对他来说，苏联和美国都是高度政治发达的社会，尽管一个实行共产主义，而另一个实行自由民主。这个说法的最新版本见于扎卡里亚的著作（Zakaria 2003），但作者所强调的是自由主义的法治，而不是威权主义的行政能力。

　　回看过去三十年的经验，国家能力（或亨廷顿所谓的政治发展）是否可以与合法性轻易分开，这一点尚不清楚。在 20 世纪 80 年代末，苏联开始崩溃，并大规模地丧失国家能力，正是因为在公民心目中，它的专政本质削弱了其合法性。换句话

35

说，在亨廷顿撰写《变化社会中的政治秩序》时，苏联高度的政治发展是一个"波将金村"（编按：喻指徒有其表）。虽然在历史上有多种形式的合法性，在当今世界，合法性的唯一来源就是民主。

另一方面，善政和民主无法如此轻易分开。良好的国家制度可以透明高效地为客户即国家的公民服务。在譬如货币政策方面，政策的目标相对简单（即价格稳定），并可以通过相对独立的技术官僚来实现。因此，央行的构建方式特意保护它们不受短期民主的政治压力所影响。在如中小学教育等其他领域，公共制度输出的质量在很大程度上取决于它从政府服务最终消费者那里获得的反馈。很难想象，倘若技术官僚与他们所服务的民众分离开来，他们还能在这些领域做好工作。因此，除了其在合法化上的价值之外，民主还在治理中扮演了功能性的角色。

大量的文献讨论了发展与民主之间的关联（参见 Lipset 1959；Diamond 1992；Rowen 1995；Barro 1997；Roll and Talbott 2003）。普沃斯基和阿尔瓦雷斯（Przeworski and Alvarez 1996）认为，发展水平不仅影响到向民主过渡的可能性，也会影响退回到威权的可能性。但与之相反的关系——无论民主对发展有利还是有害——是我们关注的重点，因为我们不能把成功的发展视作理所当然。虽然在过去一代，舆论在这个问题上的共识发生了深刻的改变，这种关系今天看来依然复杂，而且并不总是积极的。

有一段时期，许多作者都赞成威权性过渡（Huntington

1967），这一观点在今日东亚依旧受到认可，因为这一措施在 37
该地区一直颇有成效。许多政治经济学家认为，经济改革需
要财政紧缩、裁员，以及其他形式的短期错位，因此会导致
政治上的反对和反弹。威权政权可以压制社会需求，因此更
好地进行改革，又或者由技术官僚精英来完成，因为他们可
以多少隔离或缓冲政治压力。哈格德和考夫曼（Haggard and
Kaufmann 1995）认为民主过渡问题重重，因为它释放了原来
被压抑的、索要政府利益的需求，而这些又与改革的目标相左。

　　近年来越来越多的人同意森（Sen 1999）的观点，他认
为，民主本身就是发展的对象，也是经济增长的手段。这一观
点背后有很多的理由支持。例如，我们可以明确的是，威权本
身并不决定经济发展的成果，而是威权领导者的素质和为其谏
言的技术专家。如果威权国家都是由李光耀来领导的话，它们
作为一个群体可能会有很好的表现；但是因为它们经常被蒙博
托或马科斯（Marcos）之流把持，所以威权政权比那些民主
政权在发展成果方面表现出更大的差异，也就不足为奇了。至
少，民主国家有一些制度性手段来抵制无能或最恶劣形式的贪
腐：可以通过投票把糟糕的领袖赶下台。

　　此外，威权国家在长远看来都会有合法性的问题。许多人 38
都试图通过实现经济增长的能力来为自己正名，但是当发展停
滞或者陷入倒退（在 1997—1998 年间印尼的苏哈托便遭遇这
种情况），其合法性也随之消失，随之而来则是不稳定。在遭遇
经济挫折时，民主国家往往能够更好地延续下去，因为它们的
合法性来源于民主本身（譬如 1997—1998 年间的韩国）。与此

同时，也有一些民主的国家，如波兰和新西兰，在经济改革期间做出困难的选择。

最终，民主与发展之间的实证关系仍然复杂而暧昧：它既不把威权转型视为经济改革的通用方法，也不将民主化看作发展战略。巴罗（Barro 1997）的跨国调查表明，在低级发展阶段，民主与增长正向相关，但随后人均 GDP 到达中等水平，这一关联变为负相关。庇护和寻租（土耳其、阿根廷、巴西），民粹主义（委内瑞拉）和腐败（布托和谢里夫执政时期的巴基斯坦）都是民主恶习的例子。在 20 世纪 90 年代民主化浪潮冲击下的撒哈拉以南非洲地区和这一时期的经济略微上行之间，我们很难找到明显的因果关系。

文化和结构性因素                                    39

国家与制度能力相关的第四个方面是亚政治的，并与规范、价值观和文化相关。最近在发展研究界，关于这些问题的大部分讨论都放在社会资本的标题下。规范、价值观和文化主要通过实施或限制某些类型的正式制度来影响制度供应方，但它们也通过打造某些制度性需求和恐惧而影响需求方。

我们通常认为，正规的制度和非正式的规范或文化价值在概念和方法论上是相互独立的。（制度经济学文献混淆了制度的含义，将其用于泛指正式和非正式的制约个人选择的规则；参阅 North 1990）。查默斯·约翰逊（Chalmers Johnson 1982）认为，日本在其高速增长时期的卓越业绩并不是由于其文化（即非正式规范），而是由于其正规制度，譬如其在理论上可以普遍适用的产业政策。作为公共政策，正式的规则可以轻易改变；但文化规范却不能，虽然它们会随时间而改变，但我们很难引导它们的发展方向。

但是，将日本在运行产业政策上取得的相对成功归功于特定的正式制度，这很有可能是不正确的。我先前指出，不论用什么指数衡量，东亚各国制度都要比拉丁美洲各国优越，这是解释其优越的经济表现的重要因素。但是，当日本或韩国式的经济规划制度移植到巴西和巴基斯坦，情况又会如何呢？

倘若我们稍加思考，就会清晰地看到，正式制度的发展在很大程度上受文化因素的影响。日本、韩国和中国台湾在战后经济规划的制度优越性并不是从技术应对手册里诞生的；它扎根于可以追溯到几个世纪以前的中国式的官僚传统。运转这些机构的精英的态度对它们最终的成功有着巨大影响；政府机关即代表着掠夺性寻租的机会，这样的观念本可能泛滥，但实际上并没有。换句话说，韦伯式的国家在亚洲社会有历史先例，因此更不容易为新家族主义（neopatrimonialism）或依附主义（clientelism）所攫取或破坏。

我再举一个非正式习惯影响正规制度的例子，它涉及社会资本在政府与其受益者的关系中所扮演的角色。让政府机构对公众负责，这在某种程度上有赖于制度设计和内部制衡，但最终，还是要由接受政府服务的人民来负责监督政府的表现，并要求政府做出有效回应。社会组织分化为有凝聚力的群体——无论是家长教师协会、监督团体还是或游说组织——对比一个

由无序的个人组成的社会，前者更希望有一个负责制度。另一
方面，公民社会也可能会沦为寻租利益集团，其目标不是更大
的责任，而是扩大政府补贴的范围，或让政府替代公民社会。
到底会出现哪一种情况，并不主要取决于制度设计，而是公民
社会本身的性质。

可传授的制度知识

如表1所示，制度供给至少由四个组分组成。相当明显的
是，可传授的知识主要在第一部分，即公共管理以及单个组织
的设计和管理。在这一微观层面上，企业可以被改组、摧毁以
及重新创建；或在借鉴多国历史经验的基础上，进行更好或更
糟糕的管理。组织理论和公共管理的理论在多大程度上可以制
度化，就可以在多大程度上传播。我将在第2章讨论制度化可
能性的大小。

表 1. 制度能力的要素                                        42

| 要素 | 领域 | 可传授性 |
| --- | --- | --- |
| 组织设计与管理 | 管理学、公共行政、经济学 | 高 |
| 制度设计 | 政治学、经济学、法学 | 中 |
| 合法性基础 | 政治学 | 中到低 |
| 社会和文化因素 | 社会学、人类学 | 低 |

在第二和第三部分内也有一些可传播的知识，即体制层面
上的制度设计，尤其是可行的民主政治制度的设计。实际上，

在 1776 年和 1789 年间成立的美利坚合众国就代表了创建民主政治制度的努力，其创建既基于理论设计标准，又吸取了其他国家的制度经验。德国和日本在战后制定的宪法也是刻意设计的产物。

这个层面上的问题并非有用知识不存在，而是罕有实际应用这些知识的机会。国家很少会在整个体制层面上重建，体制一旦建立起来，由于路径依赖的关系（即改变现行制度的高昂成本迫使人们留在现有路径上）也会使改革难以推行（Krasner 1984）。我们往往需要某种危机来创造重大制度改革的政治条件，这样的危机可以是外部的，譬如战争或来自外国政府的压力，也可以是内部的，譬如革命或者经济崩溃。

国家的第四个供给要素，即规范和文化价值，受到公共政策的影响是十分有限的。的确，文化价值受到教育、领导、与社会的其他互动形式的影响。它们随着时间而改变。比如在过去的一代间，拉丁美洲的顶级经济技术官僚的职业素养已大幅提升，这得益于他们在北美和欧洲所接受的教育。他们带回了关于透明度和问责制的职业价值观，这些价值观在他们的国家产生了溢出效应。但在社会范围内产生变化所需的时间很长，而在短期内，文化价值只能在微观层面上发生改变，即在个别机构、学校或者乡村。

## 对制度的需求

我现在从制度供应转到制度需求的讨论。倘若没有这样的需求，制度构建和制度改革不会发生。经济学家讲的一个笑话是这样的，有一个经济学家和一个学生走在街上，学生看到在他们面前的人行道上有一张一百美元的钞票。学生过去把它捡起来，但经济学家解释说，这张钞票不应该在这儿，因为如果在这儿，早应该有人把它捡走了（Olson 1996）。换句话说，经济学家往往认为，只要有激励存在，它就会自动引发行为。现实情况却是，好的经济制度并非总是能引起人们对它的需求。即使好制度会使社会作为一个整体变得更好，每一个新的制度安排必然产生赢家和输家，而后者必然设法保护他们的相对位置。此外，问题也可能是认知层面上的：社会可能无法理解替代制度相对既有制度的高效或低效。这就相当于没有看到一百美元的钞票躺在大街上。

政治经济学领域近年来非常关注的是，在什么样的条件下会产生对良好制度和政策改革的国内需求？许多此类研究已经在理性选择政治学的框架内完成，其假设也类似于市场的理性最优化模型——也就是假定有稳定的体制框架和对不同的制度规则的自发的讨价还价。来到谈判桌上的不同政治角色（土地所有者、工会、官僚）都有着各自的经济利益，这些利益会因为不同的制度安排受益或者受损；人们常用博弈论来理解通过讨价还价才能实现的各种改革协议（如通过向失败者支付补偿）。例如，诺斯和温加斯特（North and Weingast 1989）解释道，1688 年光荣革命后英国安全产权的出现，是为了解决专断王权所导致的官方可信度的问题，这一解决方案是革命的赢家所要求的。

这类解释往往不完整，且不能令人满意，因为在几乎每一个历史关头，博弈论都往往得出若干稳定政治平衡的可能。许多平衡都可能产生次优制度安排，而我们苦苦求索的问题是，为什么对于良好制度的需求都出现在特定的时间点上。答案很可能依赖于独特的历史机遇。譬如格雷夫（Greif 1993）用博弈论来解释，在 11 世纪马格里布商人如何在没有全面政治权威提供法律规则的环境下，使用多边联盟来确保代理商履行合同，以及这一系统为何比双边执法机制更有效。但建立此类联盟的可能性很大程度上取决于一系列先决条件，譬如马格里布商人是从巴格达移居到北非的犹太人社交网络的一部分。这些商人的社会交往所依据的是一种所谓"商律"，它不具有契约性，而是文化性的事先约定，用以控制成员的行为。虽然这一制度是理性的，但它在历史上出现的环境却是非理性的、偶然的，这些环境不容易在其他情况下再现。

在其他情况下，制度需求的产生往往不是因为内部冲突，而是严重的外部冲击所致，诸如货币危机、经济衰退、恶性通货膨胀、革命或战争。关于现代欧洲民族国家的兴起，蒂利（Tilly 1975）的经典解释认为，因为需要发动越来越大规模的战争，国家便有了对税收提取、管理能力和官僚集权的内需，例如在法国、西班牙和瑞典。在美国历史上，战争和国家安全的要求也显然是国家构建的来源；密集的国家构建发生在美

国内战、两次世界大战和冷战时期（Porter 1994）。[4]当然还
有发生在西方世界以外的案例，譬如佩里准将（Commodore
Perry）的"黑船舰队"促使日本开始明治维新，拿破仑入侵埃
及导致 19 世纪 30 年代的奥斯曼帝国改革。

但索伦森（Sorensen 2001）指出，相对于欧洲或日本，战
争在发展中世界对于国家构建的作用就远没有那么大的驱动作
用，其原因既复杂又模糊。索伦森认为，后发展国家只需要掌
握现成的军事技术，而无需等到进行完痛苦的体制改革才能正
确地使用这些技术。此外，二战之后的国际体系强调国际边界
神圣不可侵犯，并努力推行非占领原则；在这样的大环境下，
战争导致国家灭绝的威胁更难以成为国家构建的动力。

纵观大多数国家构建和制度改革的成功案例，其发生时机
往往是于该社会内部已经有了对制度的强劲内需，然后抑或整
体打造，抑或从国外照搬，抑或因地制宜地使用他国模式。早
期现代的欧洲，独立革命之后的美国，19 世纪的德国、日本和
土耳其，20 世纪 60 年代的韩国和中国台湾地区、智利，以及
20 世纪七八十年代的新西兰，都是这样的情况。如果有足够的
内需存在，那么通常供应就会随后到来，尽管供应的品质在每
个年代都有所不同。

在贫穷国家，对于制度或制度改革内需不足是制度发展
的最大障碍。这种需求通常出现于危机或特殊情况下，打开的
也仅仅是改革的一个小窗口。如果缺乏强劲的内需，对于制度
的需求必然产生于外部。这可能有两个来源。一是外部援助机
构、捐助者或贷款人附加在结构调整、计划和项目贷款上的各

种条件；二是外来权威在失败、解体或被占领的国家宣布拥有主权，并直接行使政治权力。[5]

关于外生的制度需求的技术和前景，我们所知甚广，但却不让人乐观。过去一个世代以经济改革作为贷款附加条件的经验表明，倘若国家精英对于改革没有实质性的内需，那么这样的政策难以获得成功，譬如阿根廷和墨西哥短暂改革的例子。在没有内需补充的情况下，附加条件从未成功过。例如，范德瓦尔（van de Walle 2001）指出，在所有撒哈拉以南非洲地区的国家，就援助水平而言，那些遵循国际建议进行结构改革的国家和那些没有改革的国家之间几乎没有任何区别。我们多次发现，同一个表现不佳的国家一次又一次回到同一援助低谷，有时作为债务重组受益国，有时作为债务减免受益国（Easterly 2001）。

附加条件失败的原因有许多。伊斯特里认为（Easterly 2001）这是捐助方的激励结构所致：捐助者和国际金融机构声称要帮助贫穷国家摆脱贫困，但大多数表现欠佳的国家很可能就是那些无法进行制度和经济改革的国家，实施有条件贷款就意味着对那些成功转型的富裕国家进行奖励。对表现欠佳的国家附加贷款条件意味着剥夺最穷国家获得外部援助或融资的机会。在理论上，这种"严厉之爱"（tough love）或许站得住脚，但现实世界里的捐助方不愿放弃受援方对它们的依附所带来的影响力和权力，因此不希望彻底放弃这些不幸的国家。此外，当前国际捐助社会是多元化的，这就确保了，即便某一捐助者要求附加贷款条件，也必然会有其他不加条件的捐助方取代它。

　　即使贷款条件果真可以切实执行，也很难说它会带来真正意义上的改革。对于贫困国家的领导人，抱定某种政治权力结构往往是关乎生死的问题，无论捐助方提供的外部公共物资有多少，都无法补偿真正的改革将带来的权力和威望的流失。

　　通过"千禧挑战账户"（Millennium Challenge Account, MCA），布什政府采取了不同的方式来提供外部诱因，其援助款的条件是受援国必须达成可量化的改善。这种附加条件的方法不同于过去的尝试，它提供的是优惠援助而非贷款，并使用更为广泛的全国性指标。千禧挑战账户的问题在于，其用于判断受援国资格的标准意味着世界上许多最贫穷的国家在短期内都不会具备获得援助的条件。千禧挑战账户可能会激励在改革道路上一帆风顺的国家，但对于那些失败国家和世界上最困顿的国家却了无助益。

　　创建制度需求的另一外部来源是由国家或国家集团作为占领者，或通过与当地政府达成强势的直接关系直接行使政权。这就是我们所说的"国家构建"（nation-building）。占领者显然比通过附加条件运作的外部贷款者或援助机构能更直接控制当地国家。在另一方面，大多数"建国者"很快发现，他们塑造当地社会的能力是非常有限的。此外，大多数需要建国的国家都是失败国家（failed state）或其他类型的后冲突社会，它们比那些获取有条件贷款的国家面临更为严重的治理问题。

　　如果我们所谓的"国家构建"，是指建立在国外咨询和支持撤出之后还可以自我维持的国家，那么历史上的成功案例则少得让人沮丧。最显著的例子来自欧洲的殖民史。毕竟英国成功地在一些殖民地建立持久的制度，如印度的文官制度，以及新加坡和中国香港的法律制度，在印度独立后，文官制度是其民主的基础，在后两个国家或地区，英国留下的法律体系则成为经济增长的基础。同样，日本离开中国台湾和韩国时，也留下了一些在殖民统治时期建立的长久制度；尽管许多韩国人仇视日本，但韩国一直都企图复制日本的很多制度，从工业联合体到一党政府，不一而足。

　　有人把德国和日本战后的国家构建的成功归功于美国，美国当时是德国和日本的占领国。但就行政能力而言，即本书的主题，很显然并不是那么回事。远在败给美国之前，德国和日本都是非常强大的官僚国家；实际上，起初正是它们强大的国家实力导致他们成为大国并威胁到当时的国际体系。在这两个国家，国家机器在战争中幸存下来，且到战后也未有明显变化。美国成功做到的是在两国完成了从威权到民主的合法性基础的转变，并清除旧政权里发动战争的成员。美国占领者严重低估了日本官僚制度的竞争力和凝聚力，他们所能做的仅仅是略微调整了若干最高职位。在德国，战后民主政府要求盟军占领者沿用纳粹时期建立的用于管理他们引以为豪的文官制度的法案。最初遭到清洗的 53 000 常务公务员，除 1 000 人外，其余最终都被重新录用了（Shefter 1993）。

　　在许多其他国家，美国抑或进行干预，抑或担任占领当局角色，包括古巴、菲律宾、海地、多米尼加共和国、墨西哥、巴拿马、尼加拉瓜、韩国和越南南部（Boot 2003）。在这些国家中，美国都进行了一些可以算作是国家构建的活动，譬如举行

52

选举、试图消灭军阀和腐败以及促进经济发展。只有韩国是实现了长期经济增长的国家，这多是韩国人自己的努力，而非美国的功劳。持久的制度少之又少。

## 帮倒忙                                                    53

外部力量创造制度需求的能力其实非常有限，这也严重限制了其向发展中国家转让既有的制度构建和改革的知识。这些限制表明，国际金融机构、国际捐助者和更为广泛的非政府组织，对于"能力构建"这一口号的长期有效性不应有更高的预期。

但事实上问题甚至更糟：在许多发展中国家，国际社会不仅只能打造有限的国家能力，实际上还有破坏制度能力的嫌疑。无论捐助者的愿望有多好，这种能力破坏的情形还是时有发生，原因是国际援助想要达成若干互相矛盾的目标。毋庸置疑，糟糕或濒临崩溃的公共管理是非洲二十年来发展危机的焦点；自独立以来，非洲各国政府设计和实施政策的能力已经倒退。用世界银行非洲理事的话说，"在过去的三十年，几乎每一个非洲国家都出现了能力的系统性倒退；多数国家独立时曾有的能力要强于现在"（引自 van de Walle 2002）。这种能力退化恰恰发生于外部援助资金加速流入的时期，各种形式的对外   54
援助最盛时期甚至占到整个地区的国内生产总值的10%。

捐助政策的矛盾之处是，外来捐助者既想提高当地政府的某项能力，譬如灌溉、公共卫生或小学教育，又想亲自为终端用户提供这些服务。鉴于捐助者自身的动机，后一目标往往总是胜出。尽管许多捐助者相信他们可以同时朝着这两个目标努力，但在实际工作中，一旦援助计划终止，援助者直接提供服务必然削弱当地政府提供此类服务的能力。

例如对于旨在向撒哈拉以南非洲地区艾滋病患者提供抗逆转录病毒药物的方案，所有人都会认为它非常有意义。外部捐赠者有两种可能方案来治疗艾滋病患者。它可以完全通过当地国家的公共卫生基础设施来展开工作，通过培训政府官员、医生和其他卫生保健工作者，向政府提供数量极大的资源来扩大其救助范围。它也可以接管药品流通程序的重要部分，直接提供医生和其他医护人员、药物，以及最重要的行政能力，以保障医护人员到实地进行救治。通过当地政府展开工作就必然意味着更少的艾滋病患者可以得到治疗。公共卫生基础设施可能根本不存在、不称职或高度腐败；药品会被偷走，记录不会被保存，捐赠资金最终会落到官僚手中，而不是用于服务目标患者。对比而言，直接接管这些功能意味着医疗服务更为有效地送达，但是当外部援助制度绕过了地方政府，地方政府的职能则不能算作提供服务，而至多算是外国捐助者的协调联络方。当地的官僚机构学到的都是错误的技能，也从不争取医疗活动的所有权，其最有能力的人员也往往离职去效力于外来捐助者。地方政府和外部捐助者所拥有的资源通常差别巨大，这意味着在项目目标和实施的决策过程中，地方政府往往会被边缘化。

尽管世界银行等国际金融机构努力邀请地方参与在方案

55

设计中扮演更大的角色，但除非捐赠者做出重大抉择，将能力构建视为他们的首要目标，而非能力所应提供的服务，否则能力破坏的问题就永远无法得到解决。大多数捐助者的动机往往不允许他们如此抉择。这些为援助计划案买单的人希望看到最大数量的患者接受治疗，而不希望自己的钱流到当地官员的腰包，哪怕是从长远来看，这些官僚必须负责提供医疗保健服务。和贷款附加条款一样，真正强调能力构建是另一种形式的"严厉之爱"，对抱有良好愿望的人来说实际执行起来是非常困难的。因此，在此期间我们看到的是，能力构建停留在嘴皮子上，外部捐助者继续为当地政府补贴制度能力。 56

正如我在第 3 章将要讨论的，这个问题不会消失，实际上，当外部影响来自直接建国而不是保持距离的附加条款时，这一问题还会进一步恶化。国际社会知道如何提供政府服务；但对于如何创造自我维持的本土制度，则所知不多。

的确，在它们企图执行的职能范围内，发展中国家的政府大多依旧过于臃肿。但是，对于广大发展中国家最紧迫的是提升国家制度的基本力量，来提供这些只有政府能够提供的核心功能。不幸的是，对于相当多的国家来说，如何"到达丹麦"的问题很可能无法得到解决。障碍并不在认知层面：我们大体知道，这些国家和丹麦有什么不同，丹麦式的解决方案大体会是什么样子。但问题是，因为本地对改革的需求不足，我们缺乏到达彼岸的政治手段。 57

对于那些有望朝着美好彼岸靠近的国家，我们需要更加紧密关注国家概念中可以操纵和"构建"的方面。这意味着要着重于公共管理和制度设计这两个元素。我们还需要特别关注向这些制度薄弱的国家传播这方面知识的机制。发展领域的政策制定者应该至少学着医生发誓"不造成伤害"，以及不以能力构建的名义破坏或者架空制度能力。这便是本书第 2 章的主题。

# 第 2 章　弱国家与公共行政黑洞

我在第 1 章指出，在有关制度的各种知识中，关于组织设计和管理的部分是最容易正式化，因此也最容易跨越社会或文化的界限进行传播的。在本章中，我认为即便在组织这个有限范畴，无论私营部门还是公共部门，都不存在最优的组织形式。组织设计没有全球通行的规则，这意味着公共行政领域必然更像一门艺术，而非科学。虽然大多数公共管理问题的上佳解决方案在制度设计上有某些共同特征，但不能明确算作"最佳方案"，因为它们必须融入大量的特定背景信息。反过来，这对我们如何帮助发展中国家提升国家能力，以及我们在这个领域如何培养从业者有着重要的政策影响。在某种意义上来说，公共行政问题的上佳解决方案必须是地方性的，这就意味着需要外来捐助者和顾问与发展中国家政府建立一个颇为不同的关系。

组织理论固然丰富且复杂，但大量的理论都围绕单一的核心问题，即自由裁量权。组织理论的难题是，虽然效率要求在决策和权威方面有自由裁量权，但是授权行为本身会带来控制和监管的问题。用一个知名的组织理论家的话来说：

> 因为不是所有的信息都能到达到中央决策者那里，无论是一个经济体的中央规划师还是公司的 CEO，大部分决策权必须委托给拥有相关信息的人员。信息在人们之间移动的成本造就了在组织和经济体内分散决策权的必要性。反过来，这种分权导致系统控制的弱化，因为那些代表他人行使决策权的也都是自私自利的人（还有自我控制问题），没有理想的代理人。（Jensen 1998, 2）

自由裁量权的下放问题涉及一系列经济学和政治学议题。60它同时解释了两个问题，一是在宏观经济中市场相对于中央计划有更高的效率（Hayek 1945），二是大公司需要采取权力分散的多部门结构（Chandler 1977）。联邦制存在的问题，以及威权对比民主决策所拥有的相对优势，最终还是一个自由裁量权的问题。因此，组织理论的核心问题对社会科学有着更广泛的影响。

对于长期工作在管理或公共行政领域的专家来说，认为理想的组织形式或公共行政科学根本不存在的观点算不上新鲜。然而，对于那些企图把自己强大的方法论工具引入治理和制度研究的经济学家来说，问题就可能不那么明了。经济学家曾经一度将企业和组织视作"黑匣子"，即行动者的外在行为可以通过正常的理性效用最大化假设进行解释，但其内部运作在很大程度上还没有对经济分析开放。近年来，这种观点已经过时，取而代之的是将组织纳入更广泛的经济理论的尝试，并为公共部门改革提供了重要的、有参考作用的启示。最终，新古典经济学所依据的行为假设解释力太有限，尤其是组织中的人往往是受自身利益所驱动的假设，无法帮助我们理解组织行为的许多关键点。作为一门科学，经济学喜欢提出能够得出优化解决方案的理论，但是在公共行政的许多方面，这恰恰是不可能的。从理论的角度来看，黑匣子可能更类似于黑洞。

　　在 20 世纪 80 年代和 90 年代，经济学家对于组织理论领域的统治地位使先前隶属于社会学的组织学黯然失色，并且排斥了这一传统中的一些重要见解。实际上，这一变化表明了社会科学的衰退。一些经济学家承认他们方法的局限性，如今也回溯到这些早期的理论，并试图在方法论的假设方面重新解构它们。他们实际上是在重塑一个年龄已经四五十岁的理论工具，但这一工具的使用之所以会被遗忘，经济学家要为此负责任。

## 制度经济学和组织理论

　　关于组织的经济理论[1]开始于罗纳德·科斯的公司理论（Ronald Coase 1937），这一理论确立了市场和等级制之间的基本区别，并指出，出于节约交易成本的需要，某些资源分配

的决定是在等级组织内做出的。在去中心化的市场中，寻找关 62
于产品和供应商的信息、谈判签订合同、监控绩效、诉讼和执
行合同，这些活动的高昂成本往往意味着，如果将它们放在一
个单一的等级组织内，根据组织的权威关系做出决策会更有
效率。

科斯的公司理论实际上并不是组织理论，而是说明为什
么要如此划定市场和组织之间的界线。威廉姆森（Williamson
1975，1985，1993）使用了科斯的交易成本框架，并加入了许
多细节，说明为什么要优先使用等级制而非市场。威廉姆森认
为，有限制的理性意味着合同当事人永远无法完全预见未来所
有的突发事件，并制定正式的保障措施预防各种可能形式的机
会主义。无限制的劳动合同和权威关系则保证了我们面对不可
预见的未来状态可以有更灵活的调整。此外，市场效率依赖于
大量市场参与者的彼此竞争。但在许多专业承包的情况下，大
量的参与者变成了少量，因而承包商得以利用信息不对称牟 63
利。同样，对这个问题的解决方案是，将这些活动通过垂直整
合界定在等级组织的范围内。

但是，一旦经济学开始将其个人主义行为假设导入企业的
讨论范畴，就给组织理论盖上了独特的印记。组织是个人的集
合，这些个体既有合作性又表现出竞争性或自利行为。早前社
会学方法经常强调组织的合作方面，并把组织比喻为有机体，
其各个部分均朝着一个共同的目的。科斯所谓等级这一概念也
暗示通过权力关系产生类似的统一。对比而言，阿尔奇安和德
姆塞茨（Alchian and Demsetz 1972）认为，权力关系和市场

参与者达成的自愿合作关系并没有什么明显的区别。等级制的企业可以理解为一种契约关系网，员工自愿通过这样的关系接受等级制的权威。这样的接受关系也是有限制的，员工可以在任何时候根据原劳动合同的条件决定终止这样的关系，将他们的个人利益置于公司的权威之上。按照阿尔奇安和德姆塞茨的观点，之所以会有等级制企业存在，是因为监督联合绩效的问题，即很难监测员工贡献的大小。监管困难导致了偷懒的可能性，并允许组织理论引入阿克洛夫（Akerlof 1970）最先提出的逆向选择的概念。即在一个共同绩效的条件下，个体劳动者比第三方更明确自己的贡献，这可能导致工人为自己谋求好处。据信，通过监测和激励来控制这种偷懒行为，在公司比在保持距离的合同关系中更容易实现。

之后，几乎所有组织经济理论家都接受了这一观点，即组织只是个人劳动合同的集合，而等级结构中的个体行为同样可以用市场行为的理性最大化策略来解释。个人在组织内达成合作，但仅仅是因为这么做符合他们的自身利益。个人和组织之间的利益分歧产生了一大理论分支，即委托—代理关系，这是今天我们理解治理问题的总体框架。

伯利和米恩斯（Berle and Means 1932）在很久前就意识到，在现代企业中，所有权和管理分离导致了重大的公司治理问题。产权人（或委托人）指定经理人（或代理人）来看护他们的利益，但代理人和产权人所持有的动机又往往相去甚远。这是所有形式的等级制组织共有的问题，并且会同时存在于各层级结构中。詹森和梅克林（Jensen and Meckling 1976）引入了代理成本的概念，即产权人确保代理人对其唯命是从所付出的成本。这些费用包括监控代理人行为和拉拢代理人的成本，以及当代理人违背公司利益时所产生的额外损失。詹森和梅克林认为，主要是额外损失的风险承担者或委托人在负责维护纪律，在此基础上，他们提出了一套关于资本结构及其与公司治理关系的成熟理论。但法马（Fama 1980）认为，额外风险承担者并不是代理人纪律的唯一来源。经理人或代理人会互相监测和互相督促，这是因为代理关系涉及反复的打交道，此外，管理人才也有市场竞争，所以评估是很重要的。

　　关于私营公司的委托—代理理论一旦阐述清楚，将这一框架套用到公共部门的行为就比较简单了（Rose-Ackerman 1979；Weingast and Moran 1983；Weingast 1984；Moe 1984；Harriss et al. 1995）。在私营部门，委托人是股东，代理人就是公司董事会，而董事会的代理人则是它的高级经理人成员。在公共部门，委托人是广大公众。在一个民主国家，他们的第一层代理人是其选举出的代表，对于受委托执行政策立法的分支代理机构来说，立法者相当于委托人。当个体代理人，即政府官员将自己的金钱私欲置于委托人的利益之上的时候，就会出现政治腐败。不过，代理人还可能因为其他原因违背委托人的意愿，譬如保住其代理机构和就业保障的愿望，或与他们名义上的雇主有意识形态的冲突。

　　当代经济学另一个主要的分支——公共选择理论的最初假设是，公共部门组织的代理人的目标都会与委托人的目标相去甚远（即使公共选择理论最初没有明确使用委托代理框架，情

66

况也是如此）。正如塔洛克（Tullock 1965）以及布坎南和托利森（Buchanan and Tollison 1972）所言，在寻求最大限度地满足个人私利方面，公务员与其他经济代理人没有任何不同。"公务"这一表达似乎意味着政府官员会先顾及广大公众的利益，而事实上，他们的行为可以从狭隘私欲的角度得到更好的解释。[2]公职人员的行为会受到贿赂、竞选献金、家人得好处或将来就业承诺的影响。大量的私人部门活动因而从财富生产转移到寻租（Krueger 1974；Buchanan, Tullock, et al. 1980）。从公共选择的角度来看，通过惯例来重塑政府官员动机的前景终究是悲观的。

　　因此，目前正在进行的大量改进治理的工作，是为了更好地协调代理人的动机与委托人的利益。使委托人和代理人利益统一的常见方法是，提高代理人的工作透明度（无非把监督其行为换了个好听的说法），然后通过使用奖惩让代理人为自己的行为负责。公共选择学派的大量工作是制定宪法和法律安排，最大限度地减少寻租和其他类型的代理成本。另一种方法在私营部门比公共机构更可行，即通过给代理人股票期权或其他形式的股权来把所有者和管理者拉拢在一起。[3]

　　有关组织的经济学理论也是以个人主义方法论为前提，这和一般的经济学理论一模一样。也就是说，从根本上来说，企业被视作一群个人的组合，他们为了谋求个人私利而学会如何进行社会合作。因此，这个角度倾向于强调小组成员之间的利益冲突（毕竟委托—代理问题都与此有关），并淡化譬如群体认同、社会化、领导等概念。

从委托—代理的角度来理解公司治理或公共腐败问题，并利用这个框架来设计旨在协调不同动机的体制，这当然是值得一试的。然而，至少有三个基本理由可以说明，为什么不会有最优的正式制度准则，因此也不会有最优的组织形式，特别是对公共部门机构而言。

首先，许多企业的目标都不清晰。只有委托人知道自己要什么的时候，代理人才可以按照其意志执行，但实际情况往往并不如此。目标经常是通过组织管理人员复杂的互动而明晰或者发展的，或者是由组织管理人员的角色来决定的，即所谓的"屁股决定脑袋"（Allison 1971）。在功能上，劳动可分为多种方式，每种方式必然有利于某一个组织目标，但从来都无法同时兼顾。

其次，监督和问责的正式制度要么带来很高的交易成本，69 要么仅仅是因为被监督的活动很难量化而根本无法展开，在公共行政部门尤其如此。在这些情况下，通过非正式的规范控制代理行为通常更有效，但是这种方法也有其不足。一个组织到底选择正式或非正式的控制机制，取决于它面对的特定情况。

最后，自由裁量权授予的适当程度将随着某一组织在一段时间面临的内源性和外源性条件变化而变化。所有的授权都涉及效率和风险的平衡，但组织往往难以确定风险和授权的适当程度。结果是，相同程度的授权在一个场合有效，换到另一个场合则不灵，或在某一段时间有效，而其他时间无效。我会依次讨论这些情况。

## 目标的模糊性

组织模糊的第一个原因，是组织目标往往不清楚、互相矛盾，或者描述不清。委托—代理框架的假设是，委托人是完全理解自身利益的理性行动者，并将权力下放给代理人以获取这些利益。权威朝着一个方向流动，即从等级结构的顶部向下流动。渎职、腐败或者简单的官僚惰性问题发生，原因是代理人的自利行为，他们面对和委托人不同的激励结构，要不就是误解或不服从委托人的权威。

但是，长期以来组织理论一个重要的分支一直强调组织参与者的有限理性，包括本应利用职权设定组织目标的委托人。最有名的例子是赫伯特·西蒙（Herbert Simon）所谓"最低满意"（satisfying）的概念，这一概念在他《行政行为》（*Administrative Behavior*, 1957）一书中得到充分阐释，西蒙用它来解释为什么在通过实证观察，组织中的个体行为会偏离理性优化的经济模式。这个思路的其他作品包括西尔特与马奇（Cyert and March 1963）、奥尔森与马奇（Olsen and March 1976）、马奇与科恩（March and Cohen 1974），以及科恩、马奇等人（Cohen, March, et al. 1972）的著作。这些理论家认为，在任何指定时间，目标都不会明确存在，它的出现是不同的组织参与者互动的结果。这些参与者的理性都有局限，但并非威廉姆森所谓的"无法准确地预测未来"，而是因为对事件的观察和解释本身就是一个社会过程，它会影响、扭曲并且改变认知过程。个人懂得学习，但组织的学习方式并不等于个人

70

学习方式的总和：组织自身的神话、历史和传统都会塑造个体感知。这种将知识视作社会一部分的观点在许多方面开启了网络对组织学习影响的新研究（Brown and Duguid 2000）。 <sub></sub>71

委托—代理框架的主要缺点是，它假设权威是朝着一个方向流动：向下。委托人和代理之间发生的许多冲突是因为，他们对于如何更好地实现共同的目标有不同见解，对此委托人的看法不见得一定是正确的，又或者他们对于委托人的最佳利益到底是什么有不同的理解。西蒙、史密斯伯格等人（Simon, Smithberg et al. 1961）在很久以前就指出，权力的流向不只是自上而下，也可以是自下而上和横向流动——也就是说，一个组织的不同部分中有着不同形式的专业能力或知识，比如会计、工程、市场营销或人力资源管理。专业化和劳动分工要求组织成员不仅要服从在等级结构中高于自己的权威，也要服从掌握这些专业知识的成员。事实上，许多组织有正式规则要求成员尊重某些专家：CEO 不能简单地否决会计部门的权力，要求某项费用按照某种方式来列支。组织内部权力的复杂结构足以说明为什么组织往往非常保守，难以变革，且"官僚气"十足。 <sub></sub>72

组织中存在的冲突和功能障碍很多与权威分歧有关，或者更通俗的叫法是"争地盘"（turf）。管理层希望通过聘请有创新能力的非工会成员教师来提高考试成绩；教师工会的反应是，新人不具备职业资格证书，而且本校教师作为一个法人团体应该有权决定谁可以被录用。家长和儿童是学校教育绩效的消费者，因此是委托人，而管理员和教师都是他们的代理人。

那么在这一情况下，哪些代理人的利益和与委托人的利益发生了错位？也许是教师，他们想要保护他们的工作和特权，但有可能是管理层，他想要聘任资历不合格的自家兄弟。在这种情况下，教师作为职业群体的权威保护了委托人的利益。毕竟，招聘过程中的教师权威源于对管理人员自由裁量行为的正式控制权，而不仅仅是对教师政治权力的妥协。所有代理人都声称为委托人的利益代言，我们不可能预先知道谁是正确的，也不可能指定一个正式的权力结构来保障理想的结果。

　　在任何复杂的组织内部，或者说在普遍的现代社会中，权威必然是按照功能来分配的，这就解释了人们所贬称的"烟囱型组织"（stovepipes）缘何出现。烟囱型组织存在的原因是它们代表了真正意义上的知识和专业能力。例如，在海军内部，飞行员从事的活动跟潜艇兵和水面作战专家大为不同。但每个烟囱型组织都衍生出自身的生存利益，这可能与其所在的整体的利益相左。在推出 1948 年《国家安全法》（National Security Act）时，海军和陆军均抵制建立一个独立的空军（Quester 1973），今天的空军飞行员抵制远程遥控战斗机部队的扩张。随着时间的推移，代理的利益会因技术革新和外部情况变化而出现偏移。分歧往往反映出对于委托人最佳利益的认知上的不确定。如今，经过专业训练的战斗机飞行员认为，过分强调远程遥控战斗机将导致飞行员技能的退化，而飞行技术将是未来战争的关键。他们这般论证当然是为了维护自己的利益，但就我们今天掌握的信息而言，他们对未来战争性质的判断很有可能是对的。

73

组织模糊性还有其他原因，这些原因导致没有一个特定的　74
正式组织标准能够全面优化组织的目标。劳动分工和任务分配
会影响组织的整体目标。西蒙、史密斯伯格等人（1961，151）
指出，劳动可以按用途、过程、客户群和地理区域进行功能性
划分。根据功能的主次关系，组织会强调不同的目标（例如是
否首先按地域其次按过程来进行分工，或者反之）。有些组织
试图通过矩阵管理或专案项目组织等方法来避开这些问题，但
这些都无法解决"嵌入式优先"（embedded priorities）这一根
本问题。虽然一些劳工派遣问题可以进行数学优化，但其他则
不能，这是因为它们涉及不同目标的权衡，这些目标的相对效
用无法确定，或者受到政治因素左右。

## 委托人、代理人和激励机制

代理人的激励机制永远不会与委托人的利益完全一致。很
多组织理论所关注的是用什么机制可以使二者更加协调。在许
多情况下，以一种能让代理人对自己行为负责的方式来监控代
理人是不可能的。控制代理人的另一种方法则是利用规范，以　75
及积极塑造代理人的效用功能。这两种方法的效果是否能够相
辅相成，是产生组织模糊性的第二个原因。

在公共部门，监督代理人行为并且让其对自己行为负责尤
为不易。公共部门组织主要提供服务，服务部门的效率一直都
很难测量。在私营机构中监督和问责的问题已经非常棘手，那

里至少可用盈利能力来测量绩效，但在各类公共部门中，想要测量绩效是不可能的。如果公共部门无法准确测量绩效，那么最终不可能有正式的机制来推行透明度和问责制。

为了说明这一点，我借用一下武考克和普里切特（Woolcock and Pritchett 2002）在一篇关于公共部门改革的出色论文中的理论框架，但用伊思雷尔的分类法（Israel 1987）对此稍微修改。武考克和普里切特把公共部门的服务区分两个方面：事务 [ 处理 ] 强度和自由裁度性。前者是指组织需要做出的决定的数量，其范围可以从极小（如央行决定改变利率）到极大（储蓄银行业务系统吸收存款，或提供小学教育）。自由裁度是指熟练决策者在信息不完善或不完整的情况下做出判断，不同于常规化的决策。就此而言，中央银行有非常高的自由裁度性，而商业银行则没有。

我建议用伊思雷尔提出的特定性（specificity）来替代自由裁度性。特定性是指监视服务绩效的能力。伊思雷尔给出喷气式飞机维修这一具有高度特定性的服务案例，其复杂的技能是很难伪造的。如果机械师不称职，其后果会立竿见影。相比之下，高中指导咨询是特定性非常低的服务。辅导员可以奉劝学生改变职业方向，这一建议可能不会立即被采取，即使被采纳，对学生以后生活的影响可能要多年之后才会出现（很可能无法得知，因为测量影响需要一个反向比较）。这并不是说，辅导员所执行的职能无足轻重，仅仅是说它难以评估。

因此，如图 9 所示，我们可以用一个坐标系来对比事务强度和特定性，这再次产生四个象限，每个象限代表监督能力的

76

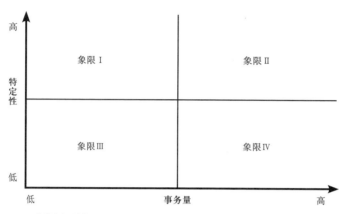

图 9 公共部门绩效

不同问题。最容易监控的活动在象限 I ，兼有高特定性和低事      77
务量。这样的例子譬如进行军事行动的将军：他事务量很少，
但特定性高，如果他失败了，每个人都会知道。最难以监视的
活动在象限 IV，其特征在于兼有低特定性和高事务量。象限 II
的活动有较高的事务量，也有较高的特定性，运营一家国有电
信公司就是一个例子。象限 III 可能是需要人手最少的，这样
的例子譬如在国际相对平静时期执掌外交部。外长的决策数量
很少，但这些决定对一个国家福祉的影响是很难说清楚的。因      78
此，象限 II 和象限 III 构成不同类型监控问题的中间类别。其
他公共部门的活动可以出现在坐标系的不同部分，如图 10 所示。

　　公共行政最容易出问题的领域都在象限 IV，这并不奇怪。
今天有许多发展中国家，如墨西哥和阿根廷，有或有过非常称
职的中央银行，可以运营一家颇有竞争力的国家石油公司或航
空公司，但它们的小学或农村医疗保健系统却很糟糕。电信企

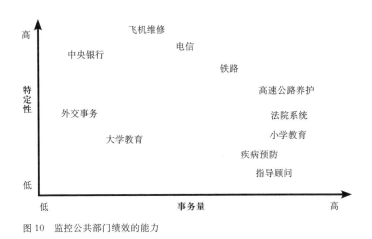

图 10　监控公共部门绩效的能力

业比公路养护机构或铁路具有更高的特定性，这就是为什么在　79
同一个国家，电话往往比公路更好用（Israel 1989）。大学教育
比小学教育的事务量低得多。因此，一些国家可以在大城市成
功运营精英机构，其中产阶层客户比更多样化的小学教育客户
能够更好地监测绩效。

　　如果我们把公共行政的核心问题视为建立正式制度体系以
协调代理人与委托人的利益的话，最难的案例都将在象限 IV。
中小学公共教育是显著的例子。教育的绩效难以测量，向单个
教师一一问责也几乎不可能。公共教育是一个高事务量的活
动，在省会城市可见度高，但在农村地区就淡出人们的视线。
即使是在美国这样富裕和数据丰富的国家也很难构建问责机
制。许多州的标准化测试企图满足这一需求，但遭到教师、学
校管理者和当地社区的激烈抵制，他们都不希望应对表现不佳
的后果。

很多人说起"法治"，就好像它是一个二进制，要么开要
么关。事实上，法律体系的活动的特定性处于中低程度，但却
是高事务量的。建立法治涉及广泛的建设工作，不只是法律，
还有法院、法官、法庭和在整个国家范围内的执行机制。建立
这样制度是国家建设者需要完成的最复杂管理任务之一。

有许多可能的方法可以用来监测低特定性、高事务量的
问题。一个通常适用于公共部门组织的方法是竞争，即赫希
曼（Hirschman 1970）所谓的"退出"机制。私人公司互相竞
争，结果要么获得更多资源要么歇业。对国有公共部门活动私
有化的目的是让这些企业承担竞争压力，譬如国有航空公司、
电信公司或石油公司。还有其他事务量高的公共服务，譬如教
育，可以通过优惠券或者保持公共部门内的特许学校制度来引
入类似的竞争压力。但向公共部门的功能障碍提供以市场为基
础的解决方案是非常有争议的，而且在很多领域内是毫无政治
可能的。

另外的方法是赫希曼所谓的"声音"机制，力求让委托人
有更便利的信息渠道和更好的问责机制来监控代理人的行为。 81
近年来，推行联邦制、权力下放以及非政府组织（NGO）行
业都属于这一类——把公共机构的政治权力转移到直接受其影
响的当地社区。在理论上，当地家长教师协会应该比全国性国
家监督机构更能够向地方的公立学校问责。在这种情况下，无
论是提供给委托人的信息，还是要求苛刻的问责制，当地组织
都要比国家机构能做的更多。

然而，这种方式有若干限制，它有效地阻止了公共机构特

别是位于第 IV 象限的那些发出此类重要的"声音"。首先，通过让委托人与当地代理人联系，权力下放解决的只有事务量的问题。它并没有解决特定性的问题，其原因是评估潜在活动的难度。此外，委托人本身也需要组织起来，这也是为什么最近人们对公民社会和非政府机构兴趣高涨。我们不应将这样的组织视作理所当然，它们通常无法通过公共政策来构建。最后，许多公共部门组织有独立的政治影响力基础。即使父母组织成家长教师协会，并获得了关于当地学校教师绩效的丰富信息，他们很可能没有足够的政治权力来制裁表现不佳的或奖励那些绩效好的教师或管理员。

82

　　通过正式的监督和问责制度，许多组织没有"解决"委托—代理问题。但它们依靠的正式机制和非正式规范的混合，通常是提高低特定性工作绩效质量的更有效方法。很长一段时间以来，制度经济学家一直试图解决"偷懒行为"（hidden action）的问题（Miller 1992）。在劳动力市场上，有很多类型工作中工人的个体绩效是无法获得精确测量的。这在阿尔奇安和德姆塞茨关于联合劳动的讨论中已经有所提及，也还有其他形式。一名工人的绩效可能是由超越其个体的各种因素来决定（如天气，汇率），工人可能有几个任务，他需要就此分配自己的劳动（Holmstrom and Milgrom 1991），或绩效本身可能就难以测量。后者在复杂的服务领域尤其如此，大量关于服务部门生产力的文献告诉我们，绩效是非常难测量的（参见 Bosworth and Triplett 2000）。律师、医生、建筑师等职业人所提供的服务在许多方面都是特定性比较低的。例如，委托人

聘请职业人做代理人时，通常可以察觉渎职或欺诈的情况，但 83
他们无法对比其他绩效来判断代理人的最终绩效质量。建筑师
可以设计出看起来像样的房子，但他是否可以拿出更有创意的
变化，让整个设计更加赏心悦目呢？可否在更短的时间内完成
相同的工作？软件工程也是如此。通常，一个软件工程师名义
上的授权经理无法读懂或评估他写出的代码。他知道它是否满
足了其设计执行任务的最小参数，但不知道它是不是最有效的
或最优雅的。因此，编码人员工作的整体质量很难测量。（在
某些情况下，编码人员在代码中留下只有他们才知道的炸弹
或暗门。）组织经济学家指出，在所有这些案例中都有偷懒行
为：只有工人才知道自己是否已经竭尽全力，抑或通过各种方
法偷懒搭了便车。经济学家花了很大的精力试图制定激励机
制，迫使工人透露自己的实际生产绩效，计件工资是传统方式
之一。

但是这种方法有一定的盲目性，这是由新古典经济学的基
本行为假设所致。经济学家断定劳动是昂贵的，工人将为了给
定的工资而想方设法减少劳动量。甚至，他们认为工人会用自 84
己的理性来最大限度地偷懒。这一假设的问题在于，很多人并
不推卸责任：他们的工作超过了必要的最低限度，即使他们知
道自己的老板没有办法监控他们的偷懒行为，他们还是如此。
事实上，大多数工人可能在工作中超过劳动合同的要求，因为
"按章工作"只是在特殊场合使用的一种行业抗议形式。阿克
洛夫（Akerlof 1982）注意到，能源公司的年轻收银女工的工
作量比公司的标准要求高出 17.7%。日本的终身雇用制或工龄

工资制度几乎是故意设计来鼓励偷懒的，因为它使得雇主无法通过工资、岗位或解雇的威胁来激励员工。然而，日本工人是出名地勤奋工作。这是怎么一回事呢？

不只是日本的组织，所有社会都有这样的组织，它们没有设立复杂的监督和问责系统，也并不使用复杂的个人激励，而是依托规范来寻求在低特定性活动中获得最佳表现。尤其是职业人，激励他们的远不仅仅是"最低满意"或者最大限度地偷懒。他们按照行业的内在标准行事，这使得组织无须对他们的行为保持严格监督。社会资本，即促进合作行为的规范（Fukuyama 2000），替代了正式明晰的激励制度。个人金钱奖励尽管也是必要的，但只能作为一般的绩效奖励。

监管和严格问责更适合于制造业这样的高特定性活动。从某种意义上说，泰勒制，或曰科学管理（Taylor 1911），代表正式监督机制的终极发展，它保证代理人与委托人利益相一致。泰勒制实行系统化的劳动分工，工作被分成小而简单的任务，以便进行高度例行化运作。该系统具有极强的等级性，按照不同的管理级别分配自由裁量权。在这个系统中，工人完全是由正面或者负面激励所驱动，并且受行政规定严格管制。

泰勒制造就了代理人绩效的高度透明性和完全的行为负责制。这也是一种工人和管理人员之间无需任何信任的工厂组织系统。泰勒制所需的监督也可以产生高昂的代理费用，同时会出现过度严苛、等级森严和官僚主义。因此，这种形式的工厂组织已越来越多地被更为扁平的组织取代，比如精益化生产，后者把更高程度的自由裁量权授予等级结构底部的员工。因此，即使在制造业也出现了这样的趋势，即纯粹出于效率上的考虑，也要用社会资本来替代正式的监督和问责制。

社会资本渗透到组织中，对组织的正常运行至关重要。在组织内部工作的个体有非常复杂的效用功能，包括个人的经济利益，以及对于集体目标和价值观的投入。很多时候，集体目标与个人利益背道而驰，但因为人类的社会性中蕴含着强大的自然情感，致使集体目标往往能够胜出（Fukuyama 1999）。所有正式组织都与非正式团体相交叠，这些非正式团体有时与正式组织的边界相重合——无论是机构、分公司、部门或办公室——有时也会跨越这些边界。所有优秀的管理者都知道，最终是非正式规范和群体认同最强烈地激励着工人各尽其能，因而，值得花费更多的时间去培养正确的"组织文化"，而非打造正式的权威序列。

规范是通过内化实现而非从外部施加的，这一事实当然并不意味着它会得到更严格遵守，抑或它不会有严重的偷懒和投机问题。当非正式规范对正式的激励结构形成补充，而不是取而代之的时候，其效果是最好的。遵守非正式规范也需要监督，违规也需要接受制裁。但是，非正式规范有自己的监督和执行机制，往往比正式机制更为微妙和灵活。团队内部的偷懒行为不容易被监管人员发现，但在团队成员之间则很难隐藏，他们自有一套羞辱和排斥偷懒者的机制。

在公共机构中使用规范和社会资本的最极端的例子来自军事组织。我们大可以说，常规的个人经济刺激无法激发人们冒生命危险去战斗。军事组织解决这个问题的方法不是通过增加对个人的激励，而是用群体认同代替个人认同，并通过传统、仪式和群体体验来强化群体认同，目的是在情感上团结士兵。在美海军陆战队的新兵训练中，新兵甚至不允许使用自己的名字，但仅仅是用"海军"这个称呼（Ricks 1997）。最强的纽带并非系于大型组织或抽象的国家，而是系于与他们同在一个排或一个班的战友，在他们面前，个体羞于被视为懦夫（Marshall 1947）。只有通过反复强化这些群体关系，个人才能克服死亡带来的自然恐惧。

　　当然，大多数公共部门机构并不要求其成员去冒生命危险，或为组织做出极大的牺牲。运转最佳的机构，如吉福德·平肖（Gifford Pinchot）管理下的美国林务局，哈维·威利（Harvey Wiley）管理下的联邦食品局，或埃德加·胡佛（J. Edgar Hoover）管理下的联邦调查局，这些机构都建立了非常强大的组织文化，以此来激励员工来认同组织的目标（Wilson 1989）。

　　规范对于组织的重要性在于它使组织中的大量行为处于不确定状态。"经济人"（Homo economicus）的假设一直被认为是对人类在经济领域行为的一种丑化，但它非常接近人们在市场上的实际行为，因而有预测价值。用它来指导组织内的行为就没有那么可靠了，因为在个人激励、群体规范和组织成员目标之间存在着一个更复杂的平衡。

　　此外，虽然规范可以用于协调代理人和委托人的利益，但它是一把双刃剑。规范可以融入委托人的利益——例如，教师尽可能对他们的学生提供最好的教育——但规范会有自己的发展方向。群体认同和忠诚往往会排挤其他利益考量，包括群体理应服从的组织利益。这是前文提到过的烟囱型组织问题的另一个原因，即其中某分支或部门把自己的生存置于母体组织的目标之上。规则还可能会变得黏滞：人们把忠于群体和群体价值视为天经地义，即便它们已经变得无效，也不愿意抛弃。

应当注意的是，目前我还没有解释为什么公共部门绩效问题在贫困国家比富裕国家更严重。无论发展水平如何，想要在象限IV有好的表现总是要比在象限I难度大。那么为什么有些社会能够在象限IV提供像样的公共服务，或至少相对比其他社会要更成功呢？

一个明显的答案是因为（某些社会）有资源：缺少经费的机构在各个层面都会运行不畅，在一些贫穷国家，公共机构的工作人员缺乏训练，基础设施不足，于是它们无力提供服务也就并不奇怪了。然而，低特定性活动在发达国家比在不发达国家能够更有效地进行，还有一个与规范有关的原因。在任何一个社会，激励工人完成比工资所要求的最低工作量更多工作的是规范，但这种规范的内在化过程不是自然而然的；它们是教育、培训以及社会化过程的结果，这一社会化过程部分是行业特定的，部分是从周围社会所吸收。现代社会产生多重身份，由此产生个体所依附的多重群体和规范，这些群体和规范削弱或稀释了个体与家人和朋友间自然发展出来的关系。现代社会特别强调专业或职场认同，并且在教育系统强调这些认同要高于人与人之间的自然关系。当然，在发展中国家的工人可以拥

90

有并且确实表现出高度专业的精神，但他们的自然关系仍然非常紧密，由各类职业通过社会化形成规范所带来的平衡效果却较弱，其他形式的人力资本同样欠发达。这使得社会资本难以取代正式监督和问责，因此使低特定性工作的效率较低。几个发展最迅速的非西方国家都在东亚，这一区域的公共服务在现代化之前就已经有了高度发达的职业规范。

还有一个因素也很重要。组织规范可以通过传统的教育和培训习得，但情况往往并非如此，它们多是由领导自上而下灌输的。领导创建规范，不只是通过制定规则和法规，还通过他们自身的榜样和个性的力量。在这个意义上说，韦伯式的现代理性官僚机构其实并不完全是韦伯式的、理性的，一定程度上它们依赖于非理性的规范和信念，并多多少少要通过魅力型领导进行自我复制。另一方面，官僚机构还成功地将魅力型领导的产生变得例行化，尽管这听上去自相矛盾（注意：这里"魅力型领导的产生的例行化"与韦伯的"魅力型领导的例行化"概念不是一回事）。强有力的机构，譬如军队，将"领导力教学"作为其机构认同的核心。

与此相反的是，在许多发展中国家，韦伯式现代理性官僚机构的领导人仍然产生于广大的社会领域。领导者所在皆是，但他们往往会是各式庇护网的领导者，他们把周围社会的规范带入组织，而不是在现代国家内部打造自我复制的领导力生产机制。

## 权力下放和自由裁量权

组织设计模糊性的第三个原因不在于如何控制代理人，而          92
在于等级结构中不同层次应该被授予的自由裁量权程度。权力
下放的适度有一些经验法则可言，但还算不上正式的理论。例
如，在等级结构中某一个特定层次授予的职责应该与该层次特
有的问题相对应。这在政治学中称为辅助性原则，即决定应该
在不高于执行给定功能的各级政府范围内进行。换句话说，工
厂经理或项目管理员可以就其工厂或者项目适当地做出决定，
但无权就公司各个工厂间或者国际机构各个项目之间的资源调
度做决定。

我们有理由认为，功能上程度适当的授权取决于技术，因
此会随着时间而改变。例如，19世纪后期的新技术，如铁路、
煤电能源、钢铁和重型制造业，从大规模经济中受益，因而鼓
励集中化。[4] 相比之下，马隆、耶茨等（Malone, Yates et al.
1989）在科斯关于交易成本和等级制之间关系的理论基础之上          93
推测，随着廉价信息技术时代的到来，交易成本将全线下跌，
等级制结构要么逐渐让位给市场，要么变为权力更分散的组
织形式，在这样的组织中，合作各方并不在一个等级制的关系
中。信息技术降低了交易成本，这为许多企业提供了理论上的
依据，实行管理上的扁平化、生产外包，或让结构"虚拟化"。

远在当代信息革命到来之前，哈耶克（Hayek 1945）沿袭
冯·米塞斯（von Mises 1981）的看法指出，现代经济的技术
复杂性不断增长，需要更高程度的分散经济决策。他指出，一

个经济体所使用的绝大多数信息都是局部性的，与当地的特殊
情况息息相关，也只有当地人才熟知。哈耶克认为，这就是社
会主义的中央计划在技术复杂的情况下无法运行的原因：任何
计划者都不可能会吸收并处理在现代经济中产生的全部本地知
识。在市场中互动的分散决策者可以做得更好。这一思路同样
适用于微观组织：发现供应商的产品质量有问题的人很可能是
把螺栓安装到底盘上的车间工人，而不是坐在公司总部的副总
裁。近年来许多组织创新引入了类似精益生产（又称"即时生           94
产"）、扁平组织的做法，都是基于这样的思路——当地代理人
需要有权依据当地知识采取行动，从而避免上下等级间传递信
息的所有费用（Fukuyama 1999）。

　　将决策权的位置下移，更贴近当地信息来源，这使得企业
能够更迅速地应对外部环境的某些变化。如果组织想要在快速
技术变革时期保持灵活适应，这种能力尤为重要。当这种改变
是相对较小的或微妙的，分散的组织往往能够更好地调整其行
为，因为较低级别的单元规模更小，更不容易固守于某种做事
情的方式。在分散型组织中，创新的速度也会更快，因为下级
单位组织有权承担风险，尝试新技术或经营方式。

　　当代理人所做的工作复杂或涉及高度的自由裁量权和判断
的时候，权力下放的需求也随之增大。在某些需要将高技能水
平与大量关联信息相结合的服务行业，如医药、会计、法律等，
情况就是如此。这些活动不能进行韦伯意义上的完全例行化，           95
也无法通过正式规定和标准作业程序来约束。随着经济从工业
化成熟发展到后工业阶段，并越来越依赖于信息和更高水平的

工人技能，授予的自由裁量权的程度也必须增加。

　　类似的思路也同样适用于政治，譬如联邦制。20 世纪 80 年代以来，在发展政策界内一直大力推进政治权力下放到州政府和地方政府。其原因也和组织一样：分散决策更接近本地信息资源，因此在本质上更适应当地条件和当地环境变化。如果决策可以在本地进行，其速度更快，而且如果决策分布于大量的单位间，那么决策之间可以有竞争和创新（Wildavsky，1990）。此外，在政治上，联邦制意味着政府更接近它所服务的民众，其可见度更高，从理论上讲，这增加了政府的负责性，从而提高了其合法性和民主的质量。

　　这些思路使得一些观察家认为，更大程度的分权和组织结构的扁平化长期而言就是一个不可避免的趋势。但是，这种说法值得我们怀疑，因为分散的组织有一些同样明显的缺点，是技术解决方案永远无法弥补的。分散的组织往往产生较高的内部交易成本，其决策要比集权组织慢。因此，虽然军事组织往往将大量的当地指挥权交给尽可能低的梯队，它们还是在战略或操作层面上保留了高度集中的决定权。

　　权力下放最显著的缺点是风险。权力下放必然意味着也把风险下放到了组织的下层。这一做法在诸如技术创新等领域是合适的，因为在这些领域，不断进行低风险尝试总是必要的，但在另一些情况下，组织如果将不适当的权限交给下属单位，就将影响到公司整体的利益。例如，西尔斯罗巴克百货公司在罗伯特·伍德将军（General Robert E. Wood）担任 CEO 期间经历了一段时间的内部权力下放，20 世纪五六十年代，授权

96

区域分店自行设置条件进行销售和市场营销活动等。直到加利福尼亚的一些西尔斯汽车服务网点开展"挂羊头卖狗肉"的销售手段损坏了西尔斯的整体品牌形象，这一权力下放机制才被叫停（Miller 1992）。又如，久负盛名的英国投资公司巴林银行下放权力，实际上是把公司命运押在新加坡的一个叫尼克·李森（Nick Leeson）的年轻外汇交易员身上。之后，尼克·李森所做的大额货币交易破坏了公司的资本结构，迫使巴林银行破产。　　　　　　　　　　　　　　　　　　　　　　　　97

　　联邦制带来类似的问题。授权给州政府和地方政府必然意味着各政府的绩效会有更大差异。通常这样的差异是好的，譬如当各州参与竞争性政策改革实验的时候。但是在其他情况下，这意味着一些下属单位的绩效将低于最低接受度。当然，美国联邦制的一大历史弊病是它授予各州建立奴隶制的权力，正如林肯所说，这破坏了美国建国所依赖的平等这一基本原则。

　　我们换一个更为通俗的方式来讨论，在发展中国家将权力下放给州和地方政府往往意味着赋权给地方精英或庇护网络，使他们能够保持对自己事务的控制，不受外部的监督。政治权力再度集权化的主要理由是保证在公共行政中遵守最低的廉政标准。在印度尼西亚，民主政权取代苏哈托独裁政权，带来宪政结构的变化，将更多的权力下放到省级和地方当局。结果，蔓生的权力只是增加了腐败的机会而已（Richard Borsuk,　　　98
"In Indonesia, of Power Multiplies Opportunities for Bribery,
Corruption," *Wall Street Journal*, 30 Jan. 2003），这不仅发生在

政治高层，还蔓延到各级政府。

组织放权的适当程度涉及一系列复杂的技术和社会因素。此外，对于权力下放问题，不仅要从功能的角度，也要从规范的角度来看。在源于法国大革命并在俄国和中国革命延续的传统中，政治集权是与对现代性和进步的追求分不开的。今天，权力下放往往和更高民众参与度和控制联系在一起，因此与民主这样的正面价值相关联，使其本身成为值得奋斗的目标。

权力下放还有一个更重要的维度，即我们无法在任何组织中正式规定权力下放的最佳程度。这涉及具体情形判断的性质，以及组织对于下属做出某类决定的信任程度。

现代宪政和法治的建立是有意限制在国家权力中行使自由裁量权，即亚里士多德所谓的"法治而非人治"。但单靠法治不足以实现高效政府，高效政府需要《联邦论》中所谓的"行政能力"（energy in the executive）的自由裁量权。因此，法治国家试图在行政权力中重新植入精心设定范围的自由裁量权，尤其是在像军事指挥或货币政策这样需要结合专业知识和果断行动的领域。事实上，自由裁量权是行使任何类型的权力的必要条件，并存在于公共行政的几乎所有层次。

一个组织授予下属事业部、分公司、办公室或个人的自由裁量权的程度，是机构设计最重要的决定之一。最有效的组织必定是他的领导者能力非常强、被授予了高度的自由裁量权、较少受到正规制度的制约。良好的判断力无法制式化，因为它取决于在人类行为的普遍模式经验的背景下对复杂环境因素的

99

权衡。经济学家把它称之为"隐性知识",因为它无法从书本中学到,而是产生于工作者与工具的积极互动中。这种知识的范围远远超出了工厂车间,是总裁、项目经理、CEO 和管理员的必备知识的一部分。

100

我们不能指望代理人一定会有良好的判断力,这就是为什么组织不能随意授予大量的自由裁量权。因为糟糕的判断力和良好的判断力出现的几率是一样的,组织必须制定正式控制和标准作业程序来约束授予代理人的自由裁量权。约束的程度应取决于自由裁量权对该组织的目标所构成的风险程度,但它往往受其他外生因素所驱动。我们以政府采购为例,相对于私人部门采购,政府采购如此昂贵的原因是,公共部门委托人希望把采购代理的风险程度降到极低。他们生怕不当的自由裁量权会导致腐败或权力滥用,于是制定了正规采购规则(如《联邦采购条例》)限制自由裁量权,而不考虑风险规避政策带来的制度成本。此外,他们还在决策过程加上了其他的目标,譬如种族和性别平等、提振小企业,以求进一步约束自由裁量权。

在发达国家,在政治驱动下对于限制公共部门机构的自由裁量权的要求,可能正是某些过于严苛且非理性的规则的罪魁祸首,而这些规则也正是民众常常抱怨官僚主义和大政府之所在。佐薇·贝尔德(Zoë Baird)聘用非法移民做保姆,不仅毁掉了她成为克林顿总统的司法部长的机会,也导致了新的规则出台,要求 FBI 严格审查所有联邦公职提名人是否在雇用保姆时违反劳动法。在经济欠发达的国家,情况往往相反,其政治系统没有足够的压力来约束官僚的裁夺。在这些情况下,制

101

定更多制度化的规则将有助于约束腐败，即使它们将抬高交易成本。

然而，我们所面临的概念性问题，就是根本没有理论可以作为公共行政自由裁量权适当水平的通用准则。同样程度的自由裁量权在某些社会可以良好运作，而在其他社会则不行，在同一个的社会，在某个时间可能有效，在其他时间则无效。

日本、韩国和中国台湾等所谓发展导向型国家或地区的产业政策便是一例。产业政策包括政府干预信贷分配和加快产业发展，使之超过在单一自由市场条件下的发展速度。这必然意味着授予经济规划机构极大的自由裁量权，使之有权力"挑选胜出者和淘汰者"，并有能力奖励整个产业部门。在一个称职、廉政的技术官僚手中，产业政策可以有效地弥补欠发达资本市场的信息不足。但是一旦落在错误的人选手中，产业政策可以将投资资源引到受政治青睐的团体，甚至引到决策者的亲朋好友的腰包里。

正如我在第 1 章所谈及的，东北亚几个国家的经济规划部门因其相对竞争力、专业性和不受社会寻租利益群体干扰而著名。以日本大藏省为例，这一官僚机构几乎完全沿用了战时信贷分配制度，并在接下来的一代人时间里继续运转而几乎没有外部监督（Sakakibara 1993；Hartcher 1998）。同样正式的经济规划机构，要是放到巴西和墨西哥，则会产生极为不同的结果。这背后的原因是多方面的。拉美国家不像日本历来就有那样自主的官僚机构，它们在信贷分配过程中所面临的社会压力也更大；官僚的素质也会有很大差距，因为没有像日本那样

的培训制度和传统。此外，社会接受国家权威的意愿也会有所　103
不同。

　　即使在日本，同一制度在不同的时间也有不同的效果。随
着时间的推移，日本大藏省历史悠久的自主权开始弱化。到
了 20 世纪 80 年代，该部的重要组成部分已不仅受到银行或
储蓄贷款行业等部门的染指，还受到执政的自民党内当权派系
的影响。此外，其引以为豪的技术专业能力下降，最显著的案
例就是其在 1984 年《广场协议》后对货币泡沫灾难性的处理
（Hartcher 1998）。这些制度的弱点依然存在，这也是从 1991
年开始日本经历长期经济停滞的部分原因。

　　因而，集中权力和分散权力的组织具有相互抵消的优势和
缺点。到底哪些优点将起到决定性的影响，取决于无法预知的
外部条件。最好的组织往往会因应外部条件的变化，有弹性地
调整其集中化的程度。


## 重新捡起抛弃的轮子　　104


　　自由裁量权的授予是所有组织面临的核心问题。以上所讨
论的组织模糊的三个来源——设置组织目标过程中的有限理
性，代理人行为监控方法的可选择性，以及自由裁量权授予程
度的不确定性——都与这个问题相关。模糊意味着在一个组织
内部没有理论上的最佳决策权指定方式。一切都取决于环境、
历史、组织成员认同和许多其他独立变量。相反，组织问题没

有均衡状态或帕累托最优解决方案，只有在一系列连续权衡中进行设计。

经济学这门学科的特点是用宏大且抽象的理论假定人类行为的普遍规则。当应用到市场的时候，经济理论强大到足以同时指定平衡和最优条件。它也经得起严格检验，并对假设检验和数据的使用都有明确的标准。

当相同的方法论工具用于分析组织的黑匣子内部，就会得出有用且有趣的结果，即在组织内人们依然是作为自利的个体进行互动的。但是人们在组织中的互动不同于他们在市场中保持距离的互动：规范、价值观、共同的经验、在各个层面上紧密的社会关系都会更加明晰，并且积极塑造参与者的偏好或效能。[5] 例如，一个员工为了一份工作而加入组织的特定分支，但之后衍生出对团队其他成员的强烈忠诚感，在深夜和周末加班帮助团队击败竞争对手。另一名雇员对一位同事产生了强烈反感，并竭尽所能地诋毁此人，即使是以牺牲组织利益和自己的职业生涯为代价。一个领导者发表了一段关于组织更高目标的鼓舞人心的讲话，令一名员工放弃了另一家公司更高薪的工作。尽管此类无理性动机也会出现在市场上，但它们比在组织中更为少见。

管理或公共行政的研究无法达到微观经济学理论那样正式化的程度，究其原因，并不是这一领域的分析严谨性还有待提高，而是因为研究对象的固有特性。组织内充满着规范和其他无理性的行为动机，这对组织行为有很深远的影响。之所以说组织环境中的理性是有限的，是因为组织成员是透过一个由同

105

事编织的社交过滤网来感知世界和预测未来的。他们用机构判 106
断取代了个人判断。他们要的是最低满意而不是最佳，因为他
们的决策空间是由他们的社会角色或功能所设定的。他们的动
机不单纯是狭隘的经济利益，也受到各种规范如忠诚、互惠、
职业自豪感，以及保持传统的愿望所驱动。市场很难塑造个人
的自我认同感，而组织可以。

　　所有这些见解都不算新鲜。一个更古老的社会学传统将规
范或道德问题置于机构理论的前沿。这个传统始于切斯特·巴
纳德（Chester Barnard）和他的经典之作《经理人的职能》
（ *The Functions of the Executive* 1938）。

　　巴纳德写作此书部分是为了回应弗雷德里克·泰勒及泰
勒主义所鼓吹的对组织的机械性理解。他对于组织必须通过理
性的激励系统促进合作这一说法没有异议，但他的书主要讨论
的是与组织的正式结构并存的非正式的合作规范。他和现代
经济学家最显著的不同是，在他看来，喜好是不固定的，组织
及其领导者可以积极塑造喜好。用李维特和马奇（Levitt and
March 1990，13）的话来说：

　　　　巴纳德策略……包含对偏好转变的特别关注。改变
　　动机跟创立新的道德规范一样，被视为管理的重要组成 107
　　部分。用现代术语来说，巴纳德认为，经理人应建立并且
　　维持一种对合作起支撑作用的信念和价值观文化。这么
　　做不是取代帕累托最优或寻找激励机制，而是为了建立
　　一个道德秩序，让个体可以用机构的名义行事——不是

因为这符合他们的自身利益，而是因为他们认同该机构，并愿意为之做出一些自我牺牲。

巴纳德还为西蒙的观点开了先河，即"组织内理性是有限的"。他指出，行为是围绕惯例构建的，而后者是对过去的诠释，而非对世界未来状态的预期。

有限理性及组织的规范性结构等主题，最先都是在巴纳德著作里出现的，后来为一系列理论家所继承发扬，包括赫伯特·西蒙（Herbert Simon），菲利普·塞尔兹尼克（Philip Selznick），理查德·西尔特（Richard M. Cyert），詹姆斯·马奇（James G. March），迈克尔·科恩（Michael Cohen），埃德加·沙因（Edgar Schein）和詹姆斯·威尔逊（James Q. Wilson）。（奥利弗·威廉姆森 [Oliver Williamson] 也可以列到这一组人当中，虽然他的大部分作品是希望把组织行为学纳入更广泛的新古典经济学的框架。）我已经提到过西蒙的"最低满意"的概念，但他也强调组织基于规范和群体的性质。他的经典作品《公共行政》（*Public Administration* 1961）的第四章和第五章分别重点讨论"群体形成"和"群体价值"；他同意巴纳德的看法，认为公共机构积极塑造了员工的偏好。

我们先前讨论的观点，即规范和文化价值替代正规监管和问责机制，成为这一传统的主要观点。例如，西蒙和史密斯伯格（Simon and Smithburg 1961）指出，"公务哲学"（bureau philosophy，即组织或官僚文化）及职业行为守则都是在没有正式控制的情况下对组织的非正式控制。菲利普·塞尔兹尼

108

克在其对田纳西流域管理局（1951，50）的研究中提出以下
观点：

> 如果推出一个基本点，并且能让它深入到第二和第
> 三级领导的心理，即使没有进一步下行，不妨碍整体政
> 策的权力下放的可能性就大大提高了。几乎不言自明的
> 是，在一个新的组织里，管理人员未必忠实于董事会的
> 意见，这就必须从顶端引入正式的控制措施。不过，如果
> 官方政策的传达能够遍及所见，正规的控制就可以放松
> 了。他们所抱有的思想和的态度可作为规则和正式纪律
> 的替代品。

109

换句话说，倘若代理人和委托人有相同的价值框架，自由
裁量权的授予就更加安全，即使是在没有正式的监督和激励结
构的情况下。遵循巴纳德的思路，塞尔兹尼克也发现组织会塑
造其成员的喜好："所有这类组织都有这样一种教育功能，即
可以毫不费力却很有效地塑造新成员的观点，从而非正式却有
效地建立了对思想和决策的指南。这在实践中很好理解，譬如
在组织标签（一个'林务局'的人，一个'农学家'等）的使
用上就可见一斑，这样人们就可以识别特殊的态度和特色的管
理方法。"（1951，50）

这个传统的每一个作者几乎都强调领导作为组织文化来源
的重要性。当然，规范和价值观来自更广泛的社会，受到阶级
和种族等社会结构部件的影响；但在组织微观层面，规范可通

过等级权力结构进行积极塑造。的确，对于这个传统的许多作者来说，等级结构的规范功能往往比它的正式权力更重要。正如塞尔兹尼克在《行政领导》(*Leadership in Administration* 1957，27—28）一书提出："机构领导的作用应该和'人际关系'领导的作用明确区分开来……他的主要贡献是提高该企业的效率。在另一方面，机构的领导者首先是一个鼓励和保护价值观的专家。" 110

巴纳德—西蒙—马奇一脉的组织理论在制度经济学框架面前已经黯然失色。这一变化背后的一个原因是，早期的方法并没有创造出经济学家喜欢的正式模型。通过放宽对理性的假设并将利他主义或社会偏好引入个人效用函数，于是组织中的人类行为变得越来越不确定。事实上，像西尔特、马奇和科恩这样的作者最终往往乐衷于描述和分类，而非真正的理论探讨。但经济学家将这些假设重置到简单的形态，即假定个人是理性的，效用函数是更狭隘的自利。这恢复了数学化和理论预测的可能，但其代价是理论的化约性，它的初始假设缺乏现实性。因此，组织理论成为整个社会科学在广泛方法论上角力的另一个战场。

就研究组织理论的方法而言，先前社会学与后来制度经济学之间的差异有可能被夸大了。一方面，巴纳德及其追随者对激励问题和组织的正式结构做过认真的探讨。另一方面，制度经济学家也认识到组织规范和文化的重要性和功能，以及规范可以补充和替代正式的奖励。如前所述，阿克洛夫（Akerlof 1982）描述了员工遵循一种彼此服务的规范，作为经济学家， 111

他视之为礼物交换的一种形式。二者的分歧主要在于侧重点：经济学家往往要花费大部分时间给一个组织的激励机制建立模型，并制定复杂的策略来优化它，而老一派学者则花更多的时间阐释规则环境的塑造战略。有一点可以肯定，极少有经济学家会遵循沙因（Schein 1988）的套路来论述组织中的领导角色，如何进行领导培训，以及他们如何与员工沟通和激励他们。唯一的例外是加里·米勒（Gary Miller），在他的著作《管理困境》（*Managerial Dilemmas* 1992，217）中，他给出的结论是，领导者"给下属塑造的是一种预期，即员工与员工之间，以及员工和上级领导之间会进行合作。这通过一系列传统上被视为政治领域而非经济领域的活动来完成：沟通、规劝、树立形象等"。唉，米勒不过是将五十多年前已经在转的轮子重新推了出来。这就是社会科学进步的本质。

112

## 组织模糊条件下的能力建设：对政策的启示

最优的组织并不存在，这一理论结论对于政策有一些重要且实用的启示。首先是契合武考克和普里切特的结论（Woolcock and Pritchett 1992），即在发展政策中，不要轻言存在某种广泛适用的规则或教训，可以通用于公共部门改革、项目管理或服务提供。他们强调，"最佳做法"的想法经常失灵；在世界某一地区行之有效的措施一经炒作，就成为世界其他地区效仿的典范。成功的项目往往具有极特殊的性质，涉及詹姆斯·斯科特（James Scott 1998）所谓的"因地制宜"（metis），即利用当地知识解决当地问题的能力。

规范在管理和公共行政中的重要性和普遍性，意味着机构发展会受到社会结构、文化和其他变量的深刻影响，而这些不是公共政策可以直接控制的。组织通过社会化和培训创建和培育规范，但规范也可以从周遭社会流入。如果在一个社会中，尽管有法律或契约关系，对亲属的义务无论如何都大过对陌生人的义务，那么某些类型的行政功能失灵将是不可避免的，无论是否有正式制度来控制腐败。

公共行政千变万化，无法粗暴概化，这一点应该是不足为奇的。毕竟，哈耶克的观点，即经济体中大多数知识都是地方性的，已经深入人心，我们偏好于去中心化的、以市场为基础的经济体系，就已经体现了这一点。为什么我们应该允许，或者说鼓励民营企业组织和商业决策的高度多样化，然而又坚持认为公共机构要遵循一套单一的最佳管理？

对比私营部门管理，公共行政的大劣势是，民营企业都面临着无情的达尔文式竞争和选择过程，而公共部门的机构则没有。阿尔奇安（Armen Alchian，中文名艾智仁）在他的经典论文《不确定性、进化和经济理论》（Uncertainty, Evolution, and Economic Theory, 1950）中指出，企业战略和组织的随机应变足以产生效率进化，随着时间推移，低效率的企业将被淘汰。在公共部门却没有类似的最差淘汰机制，所以效果非常不理想的行政安排也会延续很长一段时间。因此，我们有必要对其他可替代的管理模式进行深谋远虑的理性思考。

　　组织模糊性并不意味着我们要持绝望态度，对公共行政撒手不管，放任它"怎么来都行"。虽然最好的做法可能不存在，最坏的做法当然是有的，无论如何总是要避免坏做法吧。制度经济学建立模型和优化正式激励结构的主旨是没有错的，实际上它对于揭露和改革失灵的激励体系还是很有用的。这一方法的问题在于，作为组织功能失灵的解决方案，它是不完整的。过分强调规范，或过度尊重当地的习俗和传统，可能会导致适得其反的激励结构，而这一问题通过公共政策是容易解决的。

　　机构能力的不同组成部分中，公共行政是最容易系统化和移植的。公共行政学校遍布世界就足以证明这一点。在正式的激励结构中，此类制度变革给美国、英国和其他发达国家带来了更专业更廉洁的政府，在发展中国家也可以得到成功的应用。

115

　　那么这一成功为我们指明了新的研究议程。我们需要更好地了解哪些公共部门活动是最容易正式建立模型和分析的，而哪些又可能出现高度的区域性差异。图 10 中的坐标系布局是一个起点。有一些高特定性、低事务量的活动，譬如中央银行，不准许出现体制结构和方法上的高度差异。这些是公共行政中最容易进行技术官僚式改革的领域，（用武考克和普里切特的话来说）空降"十个聪明的技术官僚"到一个发展中国家，就能给这些领域的公共政策带来巨大的改变。确实，在过去数十年，在一系列国家已经发生这样的改变，譬如智利、玻利维亚、阿根廷和墨西哥。

相比之下，最难推行改革的是具有低特定性、高事务量的领域，譬如教育和法律。世界上没有一套法律体系可以由十个技术官僚"搞定"，不管他们有多么聪明。这也可能是公共行政中特定性最高、最易受地方条件影响的领域。在这些领域，熟悉当地条件的人的设计和参与就变得最为关键了。在这些情形下，如果要考虑到一个社会的民族、地区、宗教和其他类型的多样性，可以说每个事务可能都会不同的。武考克和普里切特认识到，优良解决方案是复杂且多样的，因此最成功的项目经理人往往是那些被授予高度自由裁量权，并已在该领域长期驻扎、了解当地环境细微之处的人。

最困难的情形是那些处在坐标系中间区域的，其特定性和事务量都是中等程度，只能在有限范围内进行最佳设计。这里面的问题是，外界往往会高估他们对某一社会特定制度或实践的普遍性理解。

就拿公务员制度和人事制度改革为例。消除庇护是英美发达国家在管理能力建设中的重要一环，它们通过皮尔改革（Peel Reforms）和《哈奇法案》（Hatch Act）等重大改革得以实现。发展中国家的公共官僚机构都充斥着庇护和腐败，通过"现代"公务员系统对之实施清理一直是制度改革的核心目标。

即使在这个领域，也有各种各样的方法可以达成目标。整个发达世界，"现代"官僚机构在招聘、培训、晋升和约束公务员的方式上呈现出相当大的差异。日本和法国的"高级文官"系统和美国所采取的做法完全不同，此类系统允许日本和法国的官僚机构来承担一些在美国难以开展的活动。无视这些差异在过去导致了重大的政策失误。

1945 年，当美国作为一个占领国抵达日本时，它开始了备受关注的"国家构建"工程，旨在把日本变成一个民主国家。日本人从西方引入了许多制度，包括麦克阿瑟将军的工作人员编撰的新宪法，并取得了惊人的成功（参见 Dower 1999）。在其他方面，美国制度改革的方法没有被采用。美国试图解散日本的工业集团——财阀，在接下来的十年中，这些机构又以"经连会"的形式重新出现。最大的败笔是美国企图改革日本的官僚制度，这一工作由一位名叫布莱恩·胡佛（Blaine Hoover）的美国官员主持。西奥多·科恩（Theodore Cohen）当时担任麦克阿瑟的劳工事务专员，如下记录了胡佛的使命（1987，381）：

> 新使团的主席……是布莱恩·胡佛，久负盛名的美国和加拿大的公务员大会总裁……特派团专业能力之基础是美国联邦公务员系统的长期人事管理经验，倘若不能算其专业能力总和的话。
>
> 1946 年 11 月，特派团一到达日本，便通过盟军最高统帅机构提供的大量简报熟悉情况……在我看来，成员们筛选我说的话，吸收他们认为适合使用的数据，但拒绝和自己假设不符的信息。当我试图解释日本的雇主和雇员关系是以保护换忠诚而非以金钱换工作时，他们目光呆滞。当我谈到庇护人—依附者网络（oyabun-kobun，

118

头目—党羽）充斥于所有日本大型机构，包括政府官僚机构，他们没有提任何后续问题。对我来说，这是官僚选拔（kanbatsu）体制"去封建化"最关键的问题……但特派团成员更感兴趣的是政府和私企工资水平的比较。对他们来说，他们是来给日本开出现代化、科学化、非封建的行政管理体制的药方的，但脑子根本没有给日本人的心理和态度留出空间。

相反，他们使用纯美国式的机会均等概念鼓吹公务员的晋升平等和公平竞争，或者服务大众的崇高理念。

胡佛找出了影响日本管理系统的七宗罪：人浮于事，效率低下，纪律性差，培训差，失败的人员考核和任用，以公务员等级而非职责和就业情况为基础的分类，考试测试一般知识而不是专业知识。不出所料，他的药方大体上中规中矩，择优录取考试、"科学"的工作描述、工资分类、额定效率，再加上一个独立的公民服务机构。这一切跟封建主义有什么关系？在历史上旨在消除政党分赃系统的美国式策略，如今被应用到一个没有此类问题的国家。我有时想，如果特派团被派往北极圈，它会为爱斯基摩人、海豹和海鸥拿出同样的处方。

我们很难知道到底哪一个更惊人——胡佛特派团对于当地情形的无知，还是他们的傲慢。现在回头看来，在1946年，日本的官僚机构在很多方面是更精英化、更有能力，而且比美国同行更能抵御政治庇护的索求。美国改革者只是撤换了日本当局最高层的管理者，而其机构却纹丝不动，在随后的几十年间，这些机构纷纷演变成譬如大藏省和通产省等令人生畏的部门，并在两国的贸易战中让美国人头疼。

各种良好管理实践的设计所需的知识具有很强的本地性，这说明，光靠发达国家的管理人员围坐讲课，告诉欠发达国家的同行们自己国家或者神话一般的丹麦如何行事，是不可能把行政能力从一个社会移植到另一个社会的。外国行政惯例的一般性知识，需要与对当地的限制、机会、生活习惯、规范和条件的深刻理解结合起来。这意味着，在探索行政和制度上的解决方案时，不仅仅需要负责本地机构的地方官员的投入和参与，还需要他们亲自动手。东亚快速发展的国家具有很强的治理能力，它们引入了若干机构，并对这些机构进行了大改动，保证它们在当地社会能够运转。它们的发展断然不是让外国捐助者在该国建立机构并排挤本国机构的结果。

如果我们真的想提升一个欠发达国家的制度能力，我们需要换一个比喻来说明我们的愿景。我们不是去往一个摆满了钢梁、砖块、起重机和施工图纸的国家，只等聘请当地人建立我们设计好的工厂。相反，我们应该带着资源去，鼓励当地人来设计自己的工厂，并帮助他们弄清楚如何自行搭建和运营。如果技术援助的任何环节对当地社会的能力是一种置换的话，我们应该将其视作一柄双刃剑，并谨慎对待。最重要的是，外界需要抵制通过接手运营来加快进程的诱惑。

这对实践的启示是，倘若外人想构建行政能力，无论是国际金融机构、双边捐助者，还是非政府组织，最佳方案是直接拨款给客户国的政府机构开展能力建设。他们不应该给资源的使用设定具体条件，而是实行严格的问责标准以求获得某些结果。这一政策是为了模仿市场竞争力对公司的约束：市场不关心公司是合作伙伴制还是公众股份制度，是集中权力还是分散权力，也不管第一层部门是按地理还是功能划分的，只要它赚钱就可以了。在很大程度上，这非常接近美国"千禧挑战账户"的策略，即提供赠款换取可量化的业绩。在这个概念下，需求必须已经存在于受援国中间，它们使用资金的方式将不受外界的微观管理，只要它们产生可量化的效果即可。

只有在捐助者有足够的耐心，并且不在意工厂在短期内是否能生产商品时，这种能力建设的方法才会奏效。正如我在第1章指出的，有两个相互冲突的援助目标，一是在受援国建设国家能力，二是直接为最终用户提供制度能力的服务。不管怎么说，每个人都希望工厂能以全功率输出运转，但更关键的是当地人是否能把工厂运营得满足当地需求。援助者是否有足够的耐心专注于能力建设，哪怕以牺牲实际的服务提供为代价，对此我们很难持乐观的心态，因为他们的支持者通常要求看得见的结果。[6] 在像美国国际开发署（USAID）这样的双边机构中援助的政治化问题，几十年来我们已经十分熟悉了，但这些问题似乎难以解决（Tendler 1975）。受援政府无力控制与可量化的业绩改进有关的所有变量。它或许可以改革电信部门但动不了国有石油公司，或许可以改变财政政策但改不了公共教育。真正的改革可能在总体性能指标中没有显示。如果一些措施奏效，另外一些无效，那么捐助者要抵御住跳回到微观管理改革的强烈诱惑。

　　社会科学长久以来的一个梦想，是将人类行为的研究变成真正的科学，从单纯的描述变成因果关系的正式模型，有重要的预测价值，有严格的实证观察依据。这个愿景在人类行为的某些领域要比其他领域更容易实现。市场容易展开此类分析，这也是为什么经济学在 20 世纪后期成为社会科学的王者。但组织是一个复杂案例。在组织中的个体寻求他们狭隘的自我利益，而在他们的私利范围内，经济学家的个人主义方法论提供了确实的洞察力。但是对比市场而言，规范和社会关系在更大程度上影响到组织中个人的选择。努力将学科变得更为"科学"，甚至超过学科本质所允许的范围，这会让我们无视公共行政在不同社会中的真正复杂性。

# 第 3 章　弱国家与国际合法性

前面两章，我讨论了民族国家层面上的治理不善和制度不健全或缺失问题，它成为影响个别贫困国家经济发展的主要障碍。这也是一个影响整个国际体系的重要问题。主权和民族国家作为威斯特伐利亚体系（Westphalian system）的基石，到今天已经被蚕食，其原则也饱受冲击，因为一个国家的内部状态——换句话说，它的内部治理问题——对于国际体系中的其他成员有着重要的影响。但谁有权或合法性去侵犯另一个国家的主权，这又是为了什么目的？有没有一种国际合法性，其本身并不依赖于主权民族国家的存在和力量？如果没有，对主权论的抨击不就自相矛盾了吗？在这一章中，我将讨论这组相互关联的问题。

　　自冷战结束后，软弱或失败国家已经毫无争议地成为国际 秩序最重要的问题（Crocker 2003）。软弱或失败国家侵犯人权，制造人道主义灾难，激起大规模移民，并攻击他们的邻国。

自 9 · 11 以来，很明显它们还庇护那些对美国和其他发达国家造成巨大破坏的国际恐怖分子。

从 1989 年柏林墙倒塌到 2001 年的 9 · 11，这一期间绝大部分的国际危机都围绕着软弱或失败国家。其中包括索马里、海地、柬埔寨、波斯尼亚、科索沃、卢旺达、利比里亚、塞拉利昂、刚果和东帝汶。国际社会以各种名目插手每一次冲突——往往为时已晚，且资源太少——在一些时候，最后甚至完全接管当地机构的治理功能。

9 · 11 袭击事件揭示的是完全不同的问题。阿富汗的国家是如此软弱，以至于让一股非国家势力基地恐怖组织（al-Qaida）所实际劫持，并将其作为全球恐怖活动的基地。这些攻击表明暴力的途径已经变得民主化了：非国家势力与大规模杀伤性武器（WMD）结合的可能性突然意味着，在地球上遥远的混乱一端发生的事情，也会对美国和其他富裕强大的国家造成巨大的影响。传统的威慑形式或遏制对这类非国家势力不起作用，所以安全利益要求深入国家内部并改变它们的政体，以防止未来威胁的产生。失败国家从前多被视为人道问题或人权问题，现在突然变成了重大的安全问题。用迈克尔·伊格纳季耶夫（Michael Ignatieff 2003）的话来说："在 20 世纪 90 年代，这是一幅历史想象的全面破灭，后冷战的西方从未想到，世界上许多 [东西势力] 交叠区域出现的国家秩序危机——从埃及到阿富汗——最终成为它们国内安全的威胁。"

除了索马里或阿富汗这样的赤贫失败国家，还有另一种类型的治理问题导致国际不稳定。中东地区动荡的背景原因是缺乏民主、多元化，或者说在大部分阿拉伯世界，其政治缺乏实质性的民众参与（United Nations Development Program 2002）。该地区的统治越来越专制的特征被视为是美国的教唆，譬如美国对沙特阿拉伯或埃及政权的支持就被指责别有用心。这一区域在经济上处于停滞状态，很大程度上已经错过了 20 世纪 80 年代和 90 年代席卷拉丁美洲、亚洲和发展中世界其他地区的经济改革浪潮。这种停滞（或倒退，沙特阿拉伯的人均国内生产总值在过去二十年间下降了大约三分之二）刚好又发生在这些国家的青年人口膨胀时期，于是导致数以万计的男青年失业。和在发展中世界的其他地区一样，这种停滞多是因为国家管理不善，没有激发企业家精神和有效率的市场。以色列—巴勒斯坦冲突也有治理层面的原因：20 世纪 90 年代奥斯陆和平进程存在重大缺陷，即未能要求在巴勒斯坦权力机构内部设立民主问责制，或阻止高层腐败和寻租。

## 新帝国

　　自 9 · 11 以来，美国外交政策的逻辑有两个走向，要么美国需要对软弱国家的治理负起责任，要么把问题抛给国际社会。虽然布什政府否认它有帝国野心，但布什总统 2002 年 6 月份在西点军校的讲话以及《美国国家安全战略》（*National Security Strategy of the United States* 2002）表明，先发制人，或者更恰当地说，防御性战争，使美国有理由出手治理那些对

其构成恐怖主义威胁的国家内部的潜在敌对人群。这一理念于
2001年在阿富汗付诸实践。美国将卡尔扎伊政府扶上台，它
比被取代的塔利班政权更体面且更有远见，在美国力量的支持
下，这一政权基本上稳固下来了。它的权力为全国各地的各种
军阀所质疑，其合法性也遭到残存的塔利班武装分子的质疑。
阿富汗战争迫使美国军事力量进入塔吉克斯坦、土库曼斯坦和
乌兹别克斯坦等国，所有这些国家之前都是在苏联势力范围之
内，且都有严重的内部治理问题。

　　2003年3月，美国开始了一个更加雄心勃勃的项目，即推
翻伊拉克的复兴党政权，并将这个国家改造成运作良好的民主
国家。布什总统在2003年2月26日的一个演讲中说："当我
们聚集在这里时，我们的国家和文明世界正进入一个历史关键
时期。历史的一部分由别人撰写，其余的由我们撰写。"他制定
了一个非凡的议程，不仅涵盖伊拉克的民主化，还涉及大部分
中东国家的政治转型，包括以色列和巴勒斯坦纠纷的进展和在
阿拉伯世界的其他地区促进多元化。

129

　　且不论伊拉克，在2002年和2003年间发生在肯尼亚蒙巴
萨、印度尼西亚巴厘岛和沙特阿拉伯利雅得的恐怖袭击表明，
基地组织正继续利用国家治理不善而提供的机会。美国显然不
会用自己的力量在世界各地每一个有恐怖分子活动的国家进行
直接干预，因此，必须依靠当地的能力来自行组织反恐。然而，
这些国家经常无力完成这一目标，这又再次回到我们在第1章
和第2章讨论的制度能力问题。肯尼亚和印尼政府都未能够果
断采取行动阻止恐怖袭击，虽然印尼政权在追查肇事者上有了

较好的改进，但这也只能依靠外国的大力支持。美国在维护国家安全的同时，又回到国际发展机构面临的问题，即如何从外部刺激有严重的内部治理不善的国家。

## 侵蚀主权

国家治理上的软弱，对后威斯特伐利亚国际秩序所依赖的主权原则造成了破坏。原因是，这些软弱国家给自己和他人造成的麻烦，极大地增加国际体系中其他成员进行事务干预、强行解决这个问题的可能性，而这样的干预可能违背本国的意愿。这里所说的软弱，指的是能力而非范围，换用更早期使用的术语，即缺乏实施和执行政策的制度能力，其原因常常是整体政治系统缺乏基本合法性。

许多人批评布什政府先发制人的新理念和伊拉克战争，认为它根本改变了早前强调威慑和遏制的政策，正是因为它需要不时侵犯主权（Hassner 2002）。事实上，早在 20 世纪 90 年代，所谓的人道主义干预就为侵蚀主权埋下伏笔。索马里、海地、柬埔寨、巴尔干等地的经验已导致了大批关于外界干预的研究（参见 Damrosch 1993；Heiberg 1994；Hoffmann 1996；Lugo 1996；Mastanduno and Lyons 1995；Mayall 1996；Murphy 1996；von Lipsey 1997；Weiss and Collins 1996；Williamson 1998；评述参见 Carpenter 1997）。

在人道主义干预的争论中得出的结论是，威斯特伐利亚体系已不再是一个合适的国际关系框架。威斯特伐利亚体系的建立有意回避了合法性问题。现在的观点是,冷战结束后,国际社会对于政治合法性和人权原则有了比以前更大的共识。因此,某国的主权合法性不再自动赋予其事实上的权力持有者。国家主权在索马里或阿富汗这样的国家犹如虚构或者成了笑话,因为这些国家已经沦为军阀统治。在这些情况下,外部势力以人权和民主合法性的名义行事,它们不仅有干预的权利,还有干预的义务。

20世纪90年代的人道主义干预,导致了事实上控制世界各地"失败国家"的国际帝国。干预往往是美国的军事实力牵头,但国家构建方面有欧洲国家、澳大利亚、新西兰和日本构成的大联盟随后跟进。在索马里等国,"国际社会"不再是一个抽象的概念,而是作为有关国家的有效政府实体存在。在这些国家,主权已不存在,其治理功能分散于联合国或其他援助机构和非政府组织(NGO)——在东帝汶,则位于首都帝力外港口的一艘船上。这一国际帝国或许是一个基于人权和民主的善意组织;但它终究是一个帝国,并构成了将主权移交国际机构治理的先例。

美国面对的问题是,治理不善可能导致不可容忍的安全威胁,譬如让恐怖分子掌握大规模杀伤性武器。有些人希望做一个明确的区分,为了在某国促进人权而进行的干预措施,跟以防止对其他国家造成安全威胁的干预措施不一样,并认为只有前者是合法的侵犯主权。这种区分值得怀疑,因为其假定自卫比保卫他人更缺乏合法性。在实际情形中,这些问题往往是交错的，因为侵犯人权的行为往往也会威胁到邻国，或者政府太弱而无法阻止此类威胁和侵犯行为的发生。

这样说并非是要给布什政府的伊拉克战争背书。这场战争的利弊是非常复杂的。布什政府没有充分探讨阻止来自巴格达真正的安全威胁的可能性，并将伊拉克的威胁与恐怖主义的威胁混为一谈，这并不能准确地反映两方不同的利益（Mearsheimer 2002）。问题的关键是，存在于非国家势力手中的大规模杀伤性武器带来新的且极其严重的安全问题，这样的挑战足以给受到威胁的国家带来干预的合理性。倘若首次使用大规模杀伤性武器的可能性极大，威慑策略是不起作用的。主权原则本身不足以保护收容这种威胁的国家。解决这个问题必然导致和人道主义干预完全相同的结果：需要进入这些国家并接管其治理，消除这种威胁并阻止它们在未来再次发生。

## 国家构建

因此，在前两章提出的问题——如何提升软弱国家的治理，提高他们的民主合法性，以及巩固自我维系的制度——成为当代国际政治的核心议题。我们之所以得出这样的结论，是因为我们希望重建饱受冲突或战争蹂躏的社会，还希望铲除滋生恐怖主义的温床，同时也希望贫穷国家将有机会发展经济。如果有一门国家构建的科学、艺术或技艺（techné），那么它将同时服务于所有这些目标，并受到各国的追捧。

在美国,这种努力被称为"民族建设"(nation-building,编者按:福山在本书中基本在同一意思上交替使用 state building 和 nation-building 两个术语,故除了作者特别强调二者意思差别的地方外,译文多数地方未做特意区分)。这个术语或许反映了美国的经验,其文化和历史认同是由政治制度大力塑造出来的,譬如宪政和民主。欧洲人往往更了解国家(state)和民族(nation)之间的区别,并认为民族建设是创造由共同的历史和文化连接的共同体意识,这是任何外部力量无法达成的。当然,欧洲人的看法是正确的:只有国家可以刻意构建。如果一个民族因此崛起,那么这更多是运气的问题,而非设计。

在美国,关于国家构建,一直有意识形态上的争论。一些保守派,包括许多认可自由主义的人,原则上反对国家构建,因为他们认为这是不可行的,并且不认可开放式的、昂贵的、对于他们认为是国际福利的承诺。另一方面,也有很多在国际金融机构(IFI)、捐助者和非政府组织谈论起国家构建,似乎它不过是一个我们熟悉的过程,只要我们有资源就能完成。第一种立场是完全站不住脚的,原因是美国现在和将来面临的安全和外交政策的需要。布什政府上台时对国家构建抱有怀疑态度,但却心甘情愿被拖进阿富汗和伊拉克。那些赞成国家构建的人必须正视这方面极为糟糕的记录。这不是简单地说国家构建不可行;在譬如撒哈拉以南非洲地区的案例中,都随着时间的推移,许多此类尝试实际上侵蚀了制度能力。因此,我们需要认真审查哪些是可能的哪些是不可能的,并搞清楚外来援助能够成事的局限。

国家构建有三个完全不同的方面或阶段。第一个问题涉及所谓冲突后重建，并适用于暴力冲突后的新兴国家，譬如阿富汗、索马里、科索沃，这些国家的权威已经完全崩溃，需要从头重建。外部势力在这一阶段面临的问题是通过组合安全部队、警察、人道主义救援来进行短期的维稳，以及技术援助，以恢复供电、供水、银行和支付系统等等。

如果在国际援助下，瘫痪的国家幸运地实现稳定（譬如在波斯尼亚），第二阶段开始启动。这个阶段的主要目标是建立在外界干预撤离后能够自我维持的国家机构。这个阶段比第一阶段要更难实现，但是如果外部势力希望有朝一日可以体面地撤出该国，那么这一阶段极为重要。

第三方面与第二方面有相当程度的重叠。它必须做的是使软弱国家强大起来，这些软弱国家的权力处于基本稳定状态，但无法完成某些必要的功能，譬如产权保护或提供基本的小学教育。这类国家非常广泛，从有央行和国家汇率管理等专业机构却不能提供如教育或法律规则等低特定性服务的国家（例如，秘鲁、墨西哥），到地方机构全线软弱不堪的国家（例如，肯尼亚、加纳）。

阿富汗带来的挑战和后萨达姆时代的伊拉克非常不同。阿富汗从未有过一个现代国家。在 20 世纪 70 年代出现动荡之前，阿富汗的君主制在很大程度上仍然是部落联盟，在首都喀布尔以外，国家渗透的程度很低。在随后的几年间，内战把已经疲弱的国家掏空。塔利班下台后的国家构建是从零开始的，

136

137

其资源和指导都完全由外部提供。这一任务十分宏大，但美国和其他捐助者又相对吝啬，建设现代国家（更不用说民主）的前景渺茫。

相反，伊拉克是一个高度发达的国家，有更多物力和人力资源。这里的问题是，正常运转的国家机构不是垮塌了，就是在战争结束后立即被美国解散了，需要将它们重建起来。大部分的行政能力因为大肆抢劫和干预后的无序而荡然无存。与战后的德国和日本的情况一样，因为要防止旧政权成员再度出现，后萨达姆时代的伊拉克在国家构建方面变得步履蹒跚。一代极权统治扫荡了伊拉克政坛，在执政党和军队之外，几乎没有留下具有行政能力和政治技巧的人才。

在应对失败国家第一阶段的冲突后的重建或稳定方面，美国和国际社会的成绩有好有坏。在组织这些活动时，美国和其他国际成员在巴拿马、索马里、海地、波斯尼亚犯了大量错误，但也同样学到不少经验。到了 1999 年和 2000 年，在科索沃和东帝汶实施国家构建举措的时候，美国政府和国际社会都制定了更好的内部协调手段和机制，保留旧机构以利国家构建。

不幸的是，进入阿富汗和伊拉克时，布什政府未能吸取先前的经验教训，并犯了许多在以前的国家构建活动中出现过的错误（例如，未能预期到大肆抢劫的发生，没有提供警察或警察部队以对付内乱）。在伊拉克出现这样的问题，一部分是因为布什政府以单边的方式发动战争，因而丧失国际合作伙伴的支持，一部分是因为内部官僚斗争导致重建工作落入五角大楼的手中（Fukuyama 2004）。美国国防部虽然是所有国家构建

138

活动中的关键角色，却缺乏机构能力来操办这样一个复杂的任务。因此，国家构建不仅是在垮台或软弱的第三世界国家有需要，在华盛顿偶尔也有需要（Mendelson Forman 2002）。

国际社会在处理冲突后重建方面尚有一些成功经验可言，不过在国家构建的第二阶段就要差得远了，外界势力在这一阶段的任务是建立或强化各种合法的、可以自我维持的政治制度，最终使当地政府不再需要外部援助。

就此而言，20 世纪 90 年代在索马里等国的经验，颇有警示意味。在创造自我维持的国家方面，无论是美国还是国际社会，都未能在其试图重建的各国取得多少进展。这些国家构建活动在稳定当地局面中发挥了关键作用，并为谈判铺平了道路。对于生活在这些国家的人民，和平的作用不可估量，也为国际努力正了名。国际社会强调"能力建设"之类的豪言壮语，而在现实中的实际情况用伊格纳季耶夫（Ignatieff 2002）的话来说却是"能力吸出"。国际社会，包括大量的非政府组织，往往富有且资源丰富，于是它往往会挤掉而不是补充目标国家极弱的国家能力。这意味着，虽然治理功能得以运行，当地能力却毫无提升，一旦国际社会失去兴趣或移到下一个危机地区，这些国家很可能会恢复到原来的状况。

波黑的例子就非常发人深省。终结了波黑战争的《代顿协议》运行了七年后，波黑全国继续由位于波斯尼亚和黑塞哥维那的联合国高级代表公署（OHR）管辖。在波斯尼亚没有实质上的民主，虽然举行选举，但是高级代表公署利用其权力可以罢免总统、总理、法官、市长和其他民选官员。它可以无视波斯尼亚人的偏好而通过立法以及建立新的机构。波黑政府的行政能力大多掌握在国际专家而非当地公务员的手中，以至于一些观察家把它比作英国对印度的统治（Knaus and Martin 2003）。尽管国际社会在科索沃投资巨大——或者，正是因为投资巨大——在科索沃也发生了类似的情况。

这一切都不意味着此类外部干预是不值得的，因为它们都是为了回应人道主义危机或严重冲突后局势。解决短期问题，并随带构建长期的制度，这通常就是外界势力在这样的情况下能够做到的极限了。因此，国家构建的成功通常用要求不高的指标测量，譬如国内生产总值恢复到冲突前的水平，或民主选举的举行（Dobbins et al. 2003）。

考虑到许多失败国家仅有很少或者根本不存在所谓的国家性，我们目前尚不清楚，"受益"国和国际社会之间的准永久性半殖民关系是否真的可以被取代。在某种意义上说，后者已重新回到了早期"国际联盟"（the League of Nations）时代的托管制度，某些殖民地政权获得明确的授权，以代表其在指定领土执政。我们现行制度的问题是，现代规范不接受自治以外的任何合法性，于是我们坚持认为，无论我们提供什么样的治理，都将是暂时的、过渡性的。由于我们实际上不知道如何在短期内移植制度能力，这让我们自己和我们的受益者都大失所望。

## 国际层面上的民主合法性

大的争议并不是关于主权原则本身，没有人愿意纯粹就此进行争论。很明显，所有主权并不生来平等，治理不善直接弱化国际社会对于一个国家主权的尊重。我要再次重申，这种转变并不是9·11之后才发生的，而是在20世纪90年代人道主义干预的过程中出现的。

今天，国际社会成员之间的争论重点转移到了谁可以决定 142 对谁的主权进行侵犯，以及因为什么理由。要在多大程度上保留主权民族国家的特权？到什么程度这样的决定又必须受到国际法律或规范的约束？这些问题把我们带入民主合法性的另一个领域，其关注点不再是个别国家，而是国际体系。这一争论已经暴露出美国和它的欧洲盟国之间的巨大鸿沟，这很可能是未来一段时间的摩擦来源。

虽然在9·11袭击事件之后，欧洲人最初相当支持美国，但到了2001年年底阿富汗战争结束后出现了大规模的批判，甚至可以说是反美国主义。批判大部分集中在欧洲对于美国单边主义的指控上，譬如关塔那摩湾（Guantánamo Bay）的基地组织囚犯的待遇问题，美国废除反导条约，华盛顿未能加入国际刑事法院，以及早些时候布什政府宣布退出应对全球变暖的京都协议等。但是，最严重的裂痕出现在华盛顿决意攻打伊拉克，以便实现"政权更迭"和消除大规模杀伤性武器的时 候。这导致了欧美关系自1956年苏伊士运河危机后最严重的 143 裂痕。通过公开反对美国的外交政策，德国总理格哈德·施罗德（Gerhard Schröder）组织其竞选并赢得连任，法德两国积极组织反对第二个授权战争的联合国决议。

欧洲人反对美国的单边主义，他们认为自己一直在努力构建适合后冷战世界的真正以规则为基础的国际秩序。这样的世界没有尖锐意识形态冲突和大规模军事竞争，会有更多的共识、对话和谈判空间，以此解决争端。布什政府宣布美国可以随时单方面决定何时何地对恐怖分子或庇护恐怖分子的国家使用武力，这让欧洲人大惊失色。

美国人是单边主义，而欧洲人都致力于构建广泛的、多边的世界秩序，这无疑过于简单化。毕竟，自由国际主义在美国外交政策中有很长的历史且受到尊重。美国推动了国际联盟、联合国、布雷顿森林机构、关税与贸易总协定、世界贸易组织（WTO），以及许多其他国际组织。在当今世界的许多国际治理组织中，美国都是积极的参与者，即便不算是最活跃的成员，涉及譬如解决标准制定、核电力安全、科学合作、航空安全、银行结算、药物法规、外太空利用和电信等等问题。

在经济领域，美国在过去一代间已花费了大量的精力促进开放的多边贸易和有更高自主能力解决争端的投资管理体制。这一努力的用心是显而易见的：美国人从中深深受益并且确实主导着全球经济，这就是为什么全球化打着"美国制造"的标签。在这一领域，欧洲人在多边主义方面并没有什么上佳记录。欧洲人在经济事务上许多领域采取单边行动，不时违反现行的法律秩序。在香蕉贸易上，欧盟抵制不利它的决定长达九年，在牛肉激素问题上甚至拖延了更长的时间。它宣布了关于

144

转基因食品的预防原则，这与世贸组织的卫生和植物检疫规则难以调和。事实上，在转基因食品方面，一些欧洲成员国制定了有异于工会的标准，因而违反了自己的规则。马里奥·蒙蒂（Mario Monti）掌管下的欧洲竞争委员会成功地阻止了美国通用电气和霍尼韦尔公司的合并，但这笔交易已由美国和加拿大监管机构批准，其方式让人怀疑欧盟只不过是采取行动保护特定的欧洲利益。最后，通过其安全港协议，欧盟已成功将其数据隐私制度出口到美国。 145

　　因此，很难说在经济多边主义问题上，欧洲人的表现比美国好。两者都在于己方便之时违反国际规则，又同时强调一个基于规则的国际秩序的重要性。农业是重灾区，美国和欧洲的国内生产者补贴给贫穷国家带来巨大损失。欧盟的共同农业政策的福利成本众所周知，多年来给非洲国家、中东和世界其他地区造成高达数亿美元的收入损失。美国一边推动针对农业的多哈回合贸易谈判，一边于 2002 年通过农业法案，大幅增加补贴和保护美国国内生产商。例如，非洲国家马里每年从美国国际发展机构那里获得 3 700 万美元拨款作为新法案的补贴，但会因此失去约 4 300 万的棉花收入（Edmund L. Andrews, "Rich Nations are Criticized for Enforcing Trade Barriers," *New York Times*, Sept. 30, 2002）。 146

　　最严重的单边主义纠纷出现在安全领域，自 9 · 11 以来更是成了首要议程。虽然美国暗示它无须向联合国寻求授权对伊拉克动武，但美国在 2002 年 9 月向安理会寻求支持，并使安理会第 1441 号决议获得一致通过，再次要求伊拉克遵守以往

强制拆除和销毁大规模杀伤性武器的决议。就发现伊拉克违反
国际法而言——包括一系列的早期裁军决议和第1441号决议，
美国的立场是站得住脚的。但布什政府也明确表示不接受安理
会的否定答复，并会继续对伊拉克采取军事行动，而不顾及拥
有否决权的常任理事国的意见。

从关于主权和安全的规则角度来看，这里的问题很重要。
《联合国宪章》第51条允许成员国单方面采取自卫军事行动，
这很容易被解释为包括下述情况，即一国在面临紧迫军事进攻           147
时采取先发制人的军事行动。伊拉克并不属于这种情况，而布
什政府并没有试图用第51条为其军事行动正名。伊拉克对美
国没有构成直接威胁；对其进行军事行动只能说是在预防，而
不属于先发制人的战争范畴。美国理直气壮地认为，大规模杀
伤性武器，特别是核武器是很特殊的问题，因为它们就像瓶中
精灵一样，一旦放出来就很难收回去。另一方面，各国在面临
这种威胁时有权发动预防性战争，这无法作为国际关系的通用
原则。如果俄罗斯或中国提出这样一个通行权利，美国肯定会
反对；美国实际上是要求国际社会单独授予它如此酌情采取行
动的资格。

我们或许可以认为，美国和欧洲之间的这些分歧是布什政
府对于盟友关系处理笨拙的结果。欧洲对美国的不满，大多源
自布什政府的行事风格，很奇怪的是，布什政府无论在咨询、
解释、证明还是哄骗上，都和历届政府相去甚远。布什政府本
可以像克林顿政府那样，把批准《京都议定书》这个烫手山芋
扔给国会，而不是在北约大使午餐会上随便宣布退出该协议。         148

欧洲人不喜欢布什总统 2002 年 1 月国情咨文中使用的"邪恶轴心"之类的宗教语言，也不喜欢美国不事先通知或解释就突然宣布重大政策转变。美国一贯喜欢用强权手段按照其喜好塑造国际协定，然后却在最后时刻抽身事外。这种模式可以追溯到伍德罗·威尔逊（Woodrow Wilson）和国际联盟，并继续在《里约公约》、《京都议定书》以及国际商会（ICC）谈判中上演。

这些纠纷的背后是美国和许多欧洲国家一个更为根本的原则性分歧，即国际层面上的民主合法性来源。言简意赅地说，美国人往往不会接受任何高于宪政民主的民族国家的民主合法性的来源。某种程度上，像联合国这样的国际组织之所以具有合法性，是因为正式构成的民主多数通过政府间谈判进程将合法性交给了它们。这样合法性可以在任何时候通过缔约方撤回；在这种类型的主权民族国家间的自愿协议之外，国际法和国际组织无法独立存在。

相比之下，欧洲人更愿意相信国际社会意志的民主合法性比任何单个民族国家要大得多。这样的国际社会无法具体地体现在一个单一的、全球性的民主宪法秩序，但它将合法性下放给现有的国际机构作为其部分代表。因此，驻扎在前南斯拉夫的维和部队不只是特定的政府间安排，而是广大国际社会的意志和规范的道德表达。

欧洲对于国际合法性的看法在许多方面与其对于民族国家合法性的看法是平行的。正如内特尔（Nettl 1968）和亨廷顿（Huntington 1981）所指出的，许多国家，特别是在欧洲大陆，

149

一直都有这样一个概念，即国家是公共利益的捍卫者，公共利
益位于公民的特殊利益之上。这样的国家通常由职业化的终身
官僚代表，不时会违背民众的意愿，因为官僚对民族共同利益
有更清晰的认识。相反，盛行于美国的洛克式自由主义国家观
则认为，公共利益即是社会中个人利益的总和。国家是人民的
公仆，除了民主所批准的共同利益之外，国家没有另外一套共
同利益。正如我在第 2 章所指出的，民主的公众可以将行政权          150
力委托给国家以作出某些关键决策，但国家没有根本的自主权。

　　当这些想法被应用在国际层面上，就不难理解为什么欧
洲人都将各种国际组织视作全球共同利益的守护人，它立于个
别民族国家的意愿之上，且不受其左右。正如国家在国家层面
上保有相当大的公共利益自主决策权，欧洲人也更愿意授予国
际机构更多的权力来决定全球的共同利益。相反，对于美国来
说，国家和国际层面的授权都是有限的。如果某一国际机构不
为某一民主国家的利益服务，那么后者有权限制它或退出参与
（Rabkin 1998）。

　　美国和欧洲之间关于国际合法性的差异有多种原因。罗伯
特·卡根（Robert Kagan 2003）认为，这是因为美国实力要
大过欧洲。他认为，欧洲人喜欢国际法和国际规范，因为他们
远不及美国强大，而且后者喜欢单边主义，因为它比任何国家
或国家集团（如欧盟）都更强大，不仅在军事实力方面，而且          151
在经济、技术和文化上皆是如此。

　　当然，不可否认的是，只能受他人左右而不能影响他人的
弱国家，自然会喜欢待在规范、法律和制度组成的世界，这样

的话，更强大的国家都受到限制。相反，像美国这样的"单一超级大国"显然希望行动自由，想怎么干怎么干。

我们要理解权力差异，就要弄明白这些差异为何存在。欧盟有3.75亿人口，国内生产总值9.7万亿美元，对比美国2.8亿的人口和10.1万亿美元国内生产总值。欧洲当然可以将其国防支出和美国齐平，但它却没有这么做。欧洲总体的国防花费为1 300亿美元，且这个数字还一直在稳步下降；相比之下，美国国防开支3 000亿美元，且还在急剧上升。尽管欧洲在2002年转向保守主义，但没有任何右翼或中间偏右的候选人以提高国防开支作为其竞选口号。当然，由欧盟的现行制度所造成的集体行动难题，大大削弱了欧洲部署军事力量的决策能力，但未能创造出更多的可用军事力量，则显然是一个政治和规范的问题。

究其原因，这一规范性差异源于战后欧洲项目的核心。在二战结束后，西欧各国得出结论认为，恰恰是肆无忌惮的国家主权运动把它们拖进了20世纪两次世界大战的深渊（Ikenberry and Hall 1989）。自20世纪50年代以来，它们所建立的欧盟体系就刻意把主权嵌入多个层次的规则、规范和法规中，以防止主权再次失控。库普钱（Kupchan 2002）认为，欧盟是一个将权力聚集并投射到欧洲边界之外的机制。这种观点肯定是错误的：大多数欧洲人认为欧盟的目的就是完全超越强权政治。因此，虽然建立在集权和军事力量部署能力基础上的现代国家的概念发源于欧洲，但欧洲已经将国家概念的核心从它的认同中剔除出去了。如彼得·卡岑施泰因（Peter

152

Katzenstein 1997）所言，这首先出现在德国，其战后认同是
围绕一种反主权项目而构建的。德国的行动自由从此受到多层
次的国际制约，最重要的是欧盟，也包括联合国等其他国际组
织。二战结束多年后，德国人还是教自己的孩子在德国队足球
比赛上不要展示德国国旗，或大声欢呼。对于德国人来说，美
国人在 9·11 之后展现出的那种爱国主义是很陌生的，而且是
很让人反感的——如果德国人自己展现出这样的爱国主义热
情，他人也会十分反感。

　　美国人对于国家和主权的看法是非常不同的。西摩·马
丁·李普塞特（Seymour Martin Lipset）在一系列著作中已
经解释，美国在发达民主国家中属于另类，其政策和机构跟
欧洲、加拿大、澳大利亚、新西兰和日本对比都有显著不同
（Lipset 1981, 1990, 1995）。无论是福利、犯罪、监管、教育或
外交政策，美国和其他国家一直都有显著区别：美国一贯比其
他民主国家更具有反集中主义、个人主义、放任、和平等特色。

　　这样的例外主义甚至延伸到美国自己的民主制度及其合
法性。与大多数欧洲旧社会不同，美国是基于政治理想而建立
的。在其国家成立之前，是没有美国人民或民族的：国家认同
是基于公民身份，而不是宗教、文化、种族或民族。美国只出
现过一个政权，其作为世界上最古老且延续至今的民主制度，
不能被视为一种短暂的政治妥协。这意味着，这个国家的政治
制度一直近乎宗教一般被崇敬，这让有着更为古老的认同来源
的欧洲人表示难以理解。

　　此外，对于美国人来说，他们的《独立宣言》和宪法不仅

153

154

仅是北美大陆法律的政治秩序的基础，它们也是普遍价值观的体现，对人类的重要影响远远超越美国边界。里根总统多次引用温斯罗普州长（Governor Winthrop）的话，将美国比作"山巅上的光耀之城"，在许多美国人心中有很大的共鸣。有时，这种感觉会导致一种典型的美式倾向，即将本国利益同广泛的世界利益相混淆。

在这个问题上，欧洲以及如日本等发达亚洲国家的情况是截然不同的。在成为民主国家之前，欧洲人和日本人都是有着很长历史的民族。除了政治之外，他们有其他的认同来源。他们目睹过各种政权更迭，在他们的切身记忆中，有些政权还做出许多非常可耻的行径。虽然法国和英国（但以不同的方式）继续承载着全球范围内的国家使命感，但我们可以很肯定地说，很少有其他欧洲国家会把自己的政治制度认作世界各地可以效仿的通用模式。事实上，许多欧洲人认为他们的国家制度 155 的合法性甚至要低于国际机构，而欧盟的位置介于两者之间。

## 超越民族国家

美国人和欧洲人对国际层面合法性的来源有着不同看法。美国人相信，国际合法性植根于宪政民族国家的民主多数意志，欧洲人倾向于相信国际合法性是基于高于特定民族国家的法律或意愿的正义原则。双方的意见都深深扎根于本国的历史，在这个意义上是完全可以理解的。

欧洲人的看法在抽象的意义上是正确的，但做法是错误的。许多欧洲人声称他们才是普遍自由价值观的真正倡导者，而不是美国人，因为他们相信这些价值独立于具体实行民主的民族国家。拥有主权的自由民主国家所做的决定在程序上或许是正确的，但不能保证公正或符合这些更高的原则。民主多数可以决定对其他国家做可怕的事情，可以违反自身民主秩序所基于的人权和道德规范。的确，林肯与道格拉斯的辩论就是在讨论这一个问题。道格拉斯说，他关心的并不是人们对奴隶制投支持票还是反对票，只要决定反映了人们的意愿。相比之下，林肯认为奴隶制本身违反了人类平等的更高原则，而这一原则是美国政权的基础。一个民主的行为合法性最终不是基于民主程序的正确性，而是来自比法律秩序更高的道德范畴的在先权利和规范。

欧洲立场的问题是，虽然这样更高境界的自由民主价值在理论上可能存在，但它在任何国际机构中都没法极其完美地体现。合法性由无实体的国际层面向下传递，而不是从民族国家层面具体的合法的民主公众向上传递，这个想法无异于将合法性交给一部分精英滥用，他们随意解释国际社会的意愿，以适应自己的偏好。

欧洲立场的第二个重要的现实问题是执法。即使在当今全球化的世界，执行法律的权力也唯独由主权民族国家拥有。即使现有国际法律和组织准确地反映了国际社会的意愿（无论这一意愿到底意味着什么），执法在大体上仍然是民族国家的事务。许多源自欧洲的国际法和国家法都是一些完全无法执行的

156

157

社会政策愿望清单。欧洲人说这些类型的法律是社会目标的表达，以此为其正名；美国人回答，此类不可执行的愿望会损害法治本身，这一观点在我看来是正确的。

同样的执行问题也存在于国际层面上。只要任何执法能力完全取决于各个民族国家，那么"国际社会"就只是一个虚构。的确，自主的联合国根本不存在，更不要说欧洲军队。所有应对严重的未决安全的国际组织（而不是冲突后的维和特派团）都面临集体行动不一致的问题。在冷战期间，这些问题使得联合国安理会无法采取任何有意义的执法行动。即使是在比联合国更少意识形态差别的组织，譬如欧盟和北约，果断的集体行动也极其难以实现。仅有的例外是 20 世纪 90 年代的第一次海湾战争和科索沃战争，没有美国牵头且有大量不情愿的盟友加入，这两次战争也绝无可能。

20 世纪 90 年代的巴尔干历史揭示出欧洲对于国际行动的看法的弱点所在。所有欧盟国家都认为，米洛舍维奇（Milosevic）领导下的塞尔维亚是波斯尼亚和科索沃的严重侵犯人权行为的根源，且认为冲突造成了欧洲的极度不稳定，那给这一区域带来秩序和正义的主要责任就落在欧洲头上。欧洲人的确进行了干涉，它们对该地区实行禁运（这一措施实际上使塞尔维亚人受益多过波斯尼亚人）并且派遣维和部队入驻。但是，他们无法做到的是，集体决定部署强有力的军事力量以推翻米洛舍维奇，将塞尔维亚民主化，从根源上解决问题。事实上，欧洲维和部队因为不愿意开战而帮了倒忙；在譬如斯雷布雷尼察（Srebrenica）这样的地方，他们还被挟持，需要营

158

救。只有通过果断使用传统形式的军事行动，像克罗地亚在波斯尼亚，美国在科索沃，才解决了问题，巴尔干地区获得和平。

罗伯特·卡根通过下述方式看待这一问题。欧洲人真心相信他们生活在历史的终结处——也就是说，他们生活在一个大体和平的世界，且愈发可以通过法律、规范和国际协定进行统治。在这样的世界里，强权政治和古典现实政治已经落伍了。相反，美国人认为他们仍然生活在历史中，且需要使用传统的地缘政治手段对付伊拉克、基地组织和其他恶性势力的威胁。按照卡根的说法，欧洲人对了一半：他们在欧盟范围内确实创造了一个历史终点，主权已经让给超国家机构。然而，他们不明白的是，欧洲范围的和平与安全最终是由美国的军事力量保障的。

政府也在另一边受到侵蚀。各种多边和国际组织已经出现，意图接管民族国家的某些治理功能。它们有效行事的能力参差不齐。有些机构，譬如五花八门的标准制定和技术组织，确实创建了为人遵守的国际规则，大大提高了全球效率。其他政治性更强的组织往往侵蚀民族国家的合法性，又未能创建高效的国际机构取而代之。美国对伊拉克的策略是否正确仍然是一个悬而未决的问题，但我们不应该让这一案例的具体情况转移我们的注意力，真正的问题是，虚弱或失败国家的安全需求和国际机构提供安全的能力之间可能存在严重的不匹配。

关于伊拉克大多数讨论都围绕着一个实证性的问题，即世界是否如布什政府所说的那么危险，抑或诸如伊拉克所造成的威胁可以用其他方式得到更好的处理（这之所以是一个实证问

159

160

题，是因为事实性的答案是存在的；然而，基于我们掌握的信息，它也可能是不可知的）。没有人可以说，如果一个国家制造了核武器，且决定交给恐怖分子到另一个国家的领土去引爆，而后者不应该依靠国际机构来保护自己。在另一方面，如果这种威胁被严重夸大了，那么美国的预防反应本身就可能成为全球不稳定的主要来源。

# 第 4 章　小而强

在过去一代间，世界政治中的趋势一直是削弱国家。这一趋势有着规范性和经济的原因。在 20 世纪，多个国家太过强大：它们专横地对待民众且侵略邻国。有些国家虽然不是独裁，但仍然因为国家范围过大而阻碍经济增长，使得各种机构功能失灵且低效。因此，这一趋势是削减国有部门的规模，转向市场或者公民社会去激发出其该有的社会功能。与此同时，全球经济增长通过提高信息、资金以及（在略低的程度上）劳工的流动性，已削弱了主权民族国家的自主性。

总的来说，这些变化都是朝着好的方向去的。在世界上许多地方，缩小民族国家范围的议程仍然在日程上：20 世纪 90 年代出现在日本的经济停滞，以及 21 世纪出现在很多欧洲福 利国家的社会保障危机，都跟这些国家在经济范畴内的过分监管和国家干预有关。

对于后 9 · 11 时代来说，全球政治的主要问题不再是如何削弱国家，而是如何构建它。对个别社会和全球社会来说，国家消亡不是乌托邦的序曲，而是灾难的前奏。贫穷国家面对的至关重要、抑制它们经济发展可能的问题是，它们制度发展的程度太低。它们不需要范围广泛的国家，但需要在有限范围内强大而有效的国家。

在国际体系中，国家由于多种原因饱受攻击和侵蚀。在整个欠发达世界，国家都非常软弱，冷战结束导致从欧洲到南亚出现了一大批失败和陷入困境的国家。因为战争冲突和对人权的严重践踏，以及滋生可以进入发达世界的新恐怖主义，这些软弱国家已构成了对国际秩序的威胁。通过各种形式的国家构建强化这些国家，已成为国际安全的一个重要任务，但极少数发达国家才有这一能力。因此，如何做得更好是未来世界秩序的核心所在。

虽然我们并不想回到大国冲突的世界里，但我们确实需要充分考虑对于权力的需求。国家且只有国家能够做到的，就是集体地、有目的地部署合法的权力。无论在国内强制执行法治还是在国际上维护世界秩序，这股力量都是必需的。那些鼓吹"主权的黄昏"的人——无论他们是右翼的自由市场派还是左翼的坚定多边主义者——都必须说明在当今世界用什么能取代主权民族国家的权力（参阅 Evans 1997）。实际填补这一缺口的是五花八门的跨国公司、非政府组织、国际组织、犯罪集团、恐怖组织等等，它们可能有某种程度的权力，或某种程度的合法性，但很少能同时两者兼备。倘若没有一个明确的答案，我们别无选择，只能回到主权民族国家模式，并再次试图了解如何使之强大和有效。

　　另一方面，我们说起民族国家就能联想到的那种传统的军事强国，显然不能满足它们的需求。其他类型的软实力也很重要，譬如国家构建，在这一点上欧洲人是对的。国家必须既能够在本国边界内，又能够到其他混乱和危险之地构建国家制度。在过去的几年中，它们往往只会侵入国家，并将其添加为帝国的行政分支。现在，我们坚持认为，我们正在推动民主、自治和人权，任何统治他人的尝试都仅仅是过渡性，而不能作为帝国的野心。欧洲人是否比美国人更懂得如何解决这个难题还有待观察。无论如何，国家构建的手段将是国家权力的重要组成部分，和部署传统军事力量维护世界秩序的能力同样重要。

164

# 注 释

## 第 1 章

1. 该数据集由蒙蒂·马歇尔（Monty Marshall）和 凯斯.杰格斯（Keith Juggers）编制，网址是 www.cidcm.urnd.edu/inscr/polity/ 。

2. 这是克林顿政府在韩国加入经济合作与发展组织（OECD）时的典型思路，在 20 世纪 90 年代初对泰国的政策上也是如此，例如，没有证据显示当时对过早的资本账户自由化做过警告。参见 David Sanger and Nicholas Kristof, "How U.S. Wooed Asia To Let Cash Flow In," *New York Times*, 16 Feb, 1999, sec. A, p.1.

3. 一些形式的征税明确对增长不利，如关税和其他国际贸易税收（World Bank 2002 ）。

4. 最近的一个例子是美国国土安全部的成立——自 20 世纪 70 年代以来在美国建立的第一个新的内阁级部门——以针对 9 · 11 恐怖袭击事件。

5. 在 19 世纪，当欧洲或美国的贷款机构派炮舰来收贷款时，这两种形式的外部压力就合二为一了。

## 第 2 章

1. 经济学家关于组织理论的思想史概述，参见 Furubotn and Richter（1997，第 8 章）和（Moe 1984）。

2. 公共选择框架的一个问题是，到底什么算是一个官员或公职人员的自身利益。在一些版本的理论，这一利益是非常狭隘的，无非是工资福利待遇和工作保障。但很显然，官僚自我利益常常得到更广泛的诠释，譬如服务于机构的长远利益，或必然受机构利益决定的长期职业发展道路。

3. 这种方法有许多缺点，安然、世通和其他公司在 20 世纪 90 年代科技泡沫终结时的企业丑闻足以证明。股价反映的因素太多了，很多因素不在管理人员的控制下，因此无法作为管理者的个体努力的准确测量。

4. 不过，皮奥里和萨贝尔（Piore and Sabel 1984）认为，这不是一个技术上的必要选择，小规模的制造工艺其实可以在 20 世纪的工业环境中生存下来。

5. 现代经济学有它自己的理论规范，它强调的是分散的个体可以理性互动，以产生规范，最大限度地提高他们的个体功用（Ellickson 1991）。这个理论的问题在于，规范有许多其他非理性的来源，譬如传统、宗教和习惯。

6. 然而，有一个小小的先例表明这种做法是有可能的。在华盛顿，有一个成立于 20 世纪 70 年代的准政府组织，称为美国国家民主基金会（National Endowment for Democracy，简称 NED），其目的是促进世界各地的民主。依照华盛顿的标准，NED 3 000 万美元（2002 年度）的年度预算是微乎其微的，其中一部分直接分配出去，其余部分则分配给四个分别与民主党、共和党、美国商会以及美国劳工联合会相关的组织（这些组织分别是全国民主研究所、国际共和研究所、国际民营企业中心和劳动团结中心）。对比更庞大且受捐数额更高的美国国际开发署，NED 的援助模式大为不同。NED 及其四个受资方将微小的数额，从几千元到几十万，直接分配给种类繁多的外国政党、非政府组织、妇女组织、工会、企业组织以及其他寻求资源以完成一些特定使命的民间社会组织。NED 及其受资方都不进行实际运营操作；管理费用完全采取审核获资制度，以及跟进制度以确保它们完成所制定的任务。

这种交付模式与美国国际开发署和其他国际机构的援助大相径庭，它们会支付数额更大的项目，往往总计数百万美元，在当地进行大量基础设施援助。美国国际开发署饱受诟病的是，将大笔拨款交给监督机构和承包商——其中许多是美国机构——很少把援助直接交给受援助国家的团体。

NED 绝不是能力建设的完美的模型；它的任务太过笼统，资源太少，其贡献远未到达其核心使命。其重点是，在任何情况下，发展各政党和民间社会，而不是政府机构，但它提出了一些基本原则：本地团体从头到尾负责设计和实施他们的项目完成，并直接获得资源，不受外部出资者的控制。

# 参考文献

Akerlof, George A. 1982. "Labor Contracts as Partial Gift Exchange," *Quarterly Journal of Economics* 47(4): 543–69.

——. 1970. "The Market for 'Lemons' : Quality Uncertainty and the Market Mechanism," *Quarterly Journal of Economics* 84: 488–500.

Alchian, Armen A. 1950. "Uncertainty, Evolution, and Economic Theory," *Journal of Political Economy* 58: 211–21.

Alchian, Armen A., and Demsetz, H. 1972. "Production, Information Costs, and Economic Organization," *American Economic Review* 62(5): 777–95.

Allison, Graham T. Jr. 1971. *Essence of Decision* (Boston: Little, Brown).

Amsden, Alice H. 1989. *Asia's Next Giant: South Korea and Late Industrialization* (New York: Oxford University Press).

Barnard, Chester. 1938. *The Functions of the Executive* (Cambridge, MA: Harvard University Press).

Barro, Robert J. 1997. *Determinants of Economic Growth: A Cross Country Survey* (Cambridge, MA: MIT Press).

Bates, Robert. 1983. *Essays on the Political Economy of Rural Africa* (Berkeley, CA: University of California Press).

——. 1981. *Markets and States in Tropical Africa: The Political Basis of Agricultural Policies* (Berkeley, CA: University of California Press).

Berle, Adolph A., and Means, Gardner C. 1932. *The Modern Corporation and Private Property* (New York: Macmillan).

Boot, Max. 2003. *The Savage Wars of Peace: Small Wars and the Rise of American Power* (New York: Basic Books).

Boston, Jonathan, and Martin, John, et al. 1996. *Public Management: The New Zealand Model* (Auckland, NZ: Oxford University Press).

Bosworth, Barry P., and Triplett, Jack E. 2000. *Productivity in the Services Sector* (Washington, DC: Brookings Institution).

Brown, John Seely, and Duguid, Paul. 2000. *The Social Life of Information* (Boston: Harvard Business School Press).

Buchanan, James M., and Tollison, Robert D. 1972. *The Theory of Public Choice: Political Applications of Economics* (Ann Arbor, MI: University of Michigan Press).

Buchanan, James M., Tollison, Robert D., Tullock, Gordon, et al. 1980. *Toward a Theory of a Rent-Seeking Society* (College Station, TX: Texas A&M Press).

Carpenter, Ted Galen. 1997. *Delusions of Grandeur: The United Nations and Global Intervention* (Washington, DC: CATO Institute).

Chandler, Alfred D. 1977. *The Visible Hand: The Managerial Revolution in American Business* (Cambridge, MA: Harvard University Press).

Coase, Ronald H. 1937. "The Nature of the Firm," *Economica* 6: 386–405.

Cohen, Michael D., and March, James G., et al. 1972. "A Garbage Can Model of Organizational Choice," *Administrative Science Quarterly* 17(1): 1–25.

Cohen, Theodore. 1987. *Remaking Japan: The American Occupation as New Deal* (New York: Free Press).

Cowhey, Peter F., and Haggard, Stephan. 2001. *Presidents, Parliaments, and Policy* (Cambridge, England: Cambridge University Press).

Crocker, Chester. 2003. "Engaging Failing States," *Foreign Affairs* 82 (5): 32–45.

Cyert, Richard M., and March, James G., et al. 1963. *A Behavioral Theory of the Firm* (Englewood Cliffs, NJ: Prentice-Hall).

Damrosch, Lori F. 1993. *Enforcing Restraint: Collective Intervention in Internal Conflicts* (New York: Council on Foreign Relations).

de Soto, Hernando. 2000. *The Mystery of Capital: Why Capitalism Triumphs in the West and Fails Everywhere Else* (London: Bantam Press).

——. 1989. *The Other Path: The Invisible Revolution in the Third World* (New York: Harper & Row).

Diamond, Larry, 1992. "Economic Development and Democracy Reconsidered," *American Behavioral Scientist* 15(4–5): 450–99.

——. 1990. "Three Paradoxes of Democracy," *Journal of Democracy* 1(3): 48–60.

Dobbins, James, et al. 2003. *America's Role in Nation-Building: From*

Germany to Iraq (Santa Monica, CA: Rand).

Dower, John W. 1999. *Embracing Defeat: Japan in the Wake of World War II* (New York: W. W. Norton).

Doyle, Michael W., Johnstone, Ian, et al. 1997. *Keeping the Peace: Multidimensional UN Operations in Cambodia and El Salvador* (Cambridge, England: Cambridge University Press).

Easterly, William R. 2001. *The Elusive Quest for Growth: Economists' Adventures and Misadventures in the Tropics* (Cambridge, MA: MIT Press).

Einhorn, Jessica. 2001. "The World Bank's Mission Creep," *Foreign Affairs* 80(5): 22–35.

Ellickson, Robert C. 1991. *Order without Law: How Neighbors Settle Disputes* (Cambridge, MA: Harvard University Press).

Evans, Peter B. 1989. "Predatory, Developmental, and other Apparatuses: A Comparative Analysis of the Third World State," *Sociological Forum* 4(4): 561–82.

——. 1997. "The Eclipse of the State? Reflections on Stateness in an Era of Globalization," *World Politics* 50: 62–87.

Fama, Eugene F. 1980. "Agency Problems and the Theory of the Firm," *Journal of Political Economy* 88(2):288–307.

Fatton, Robert. 1992. *Predatory Rule: State and Civil Society in Africa* (Boulder, CO: Lynne Rienner Press).

Friedrich, Carl J., and Brzezinski, Zbigniew. 1965. *Totalitarian Dictatorship and Autocracy*, 2d ed. (Cambridge, MA: Harvard University Press).

Fukuyama, Francis 2004. "Nation-building 101," *The Atlantic Monthly* 293(1): 159–162.

——. 2000. *Social Capital and Civil Society* (Washington, DC: International Monetary Fund Working Paper WP/00/74).

——. 1999. *The Great Disruption: Human Nature and the Reconstitution of Social Order* (New York: Free Press).

Fukuyama, Francis, and Marwah, Sanjay. 2000. "Comparing East Asia and Latin America: Dimensions of Development," *Journal of Democracy* 11(4):80–94.

Furubotn, Eirik G., and Richter, Rudolf. 1997. *Institutions and Economic Theory: The Contribution of the New Institutional Economics* (Ann Arbor, MI: University of Michigan Press).

Greif, Avner. 1993. "Contract Enforceability and Economic Institutions in Early Trade: The Maghribi Traders' Coalition," *American Economic*

*Review* 83(3): 525–48.

Grindle, Merilee S. 2000. *Audacious Reforms: Institutional Invention and Democracy in Latin America* (Baltimore: Johns Hopkins University Press).

——. 1996. *Challenging the State: Crisis and Innovation in Latin America and Africa* (New York: Cambridge University Press).

——. 1997. *Getting Good Government: Capacity Building in the Public Sector of Developing Countries* (Cambridge, MA: Harvard Institute for International Development).

Gwartney, James, and Lawson, Robert et al. 2002. *Economic Freedom of the World; 2002 Annual Report* (Washington, DC: Cato Institute).

Haggard, Stephan. 2000. *The Political Economy of the Asian Financial Crisis* (Washington, DC: Institute for International Economics).

Haggard, Stephan, and Kaufman, Robert R. 1995. *The Political Economy of Democratic Transitions* (Princeton University Press).

Haggard, Stephan, and McCubbins, Mathew D. 2001. *Presidents, Parliaments, and Policy* (Cambridge, England: Cambridge University Press).

Harriss, John, and Hunter, Janet, et al. 1995. *The New Institutional Economics and Third World Development* (London: Routledge).

Hartcher, Peter. 1998. *The Ministry* (Boston: Harvard Business School Press).

Hassner, Pierre 2002. "Definitions, Doctrines, Divergences," *National Interest* No. 69 (fall): 30–34.

Hayek, Friedrich A. 1956. *The Road to Serfdom* (Chicago: University of Chicago Press).

——. 1945. "The Use of Knowledge," *American Economic Review* 35(4): 519–30.

Heiberg, Marianne, 1994. *Subduing Sovereignty: Sovereignty and the Right to Intervene* (London: Pinter Publishers).

Herbst, Jeffery. 2000. *States and Power in Africa* (Princeton, NJ: Princeton University Press).

Hirschman, Albert O. 1970. *Exit, Voice, and Loyalty: Responses to Decline in Firms, Organizations, and States* (Cambridge, MA: Harvard University Press).

Hoffmann, Stanley. 1996. *The Ethics and Politics of Humanitarian Intervention* (Notre Dame, IN: University of Notre Dame Press).

Holmstrom, Bengt, and Milgrom, Paul. 1991. "Multitask PrincipalAgent Analyses: Incentive Contracts, Asset Ownership, and Job Design," *Journal of Law, Economics, and Organization* 7: 24–52.

Horowitz, Donald 1990. "Comparing Democratic Systems," *Journal of*

*Democracy* 1(4): 73–79.

Howard, Philip K. 1996. *The Death of Common Sense* (New York: Warner Books).

Huntington, Samuel P. 1968. *Political Order in Changing Societies* (New Haven: Yale University Press).

——. 1981. *American Politics: The Promise of Disharmony* (Cambridge, MA: Harvard University Press).

——. 1991. *The Third Wave: Democratization in the Late Twentieth Century* (Oklahoma City: University of Oklahoma Press).

——. 1996. *The Clash of Civilizations and the Remaking of World Order* (New York: Simon and Schuster).

Ignatieff, Michael. 2003. "The Burden," *New York Times Magazine* (Jan 5): 162.

Ikenberry, G. John, and Hall, John A. 1989. *The State* (Minneapolis: University of Minnesota Press).

Israel, Arturo. 1987. *Institutional Development: Incentives to Performance* (Baltimore: Johns Hopkins University Press).

Jensen, Michael. 1998. *Foundations of Organizational Strategy* (Cambridge, MA: Harvard University Press).

Jensen, Michael, and Meckling, William. 1976. "Theory of the Firm: Managerial Behavior, Agency Costs, and Ownership Structure," *Journal of Financial Economics* 3: 304–60.

Johnson, Chalmers. 1982. *MITI and the Japanese Miracle* (Stanford, CA: Stanford University Press).

Joseph, Richard. 1987. *Democracy and Prebendal Politics in Nigeria: The Rise and Fall of the Second Republic* (Cambridge, England: Cambridge University Press).

Kagan, Robert. 2003. *Of Paradise and Power: America vs. Europe in the New World Order* (New York: Knopf).

Katzenstein, Peter. 1997. *Tamed Power: Germany in Europe* (Ithaca, NY: Cornell University Press).

Kaufman, Daniel, Kraay, Aart, and Mastruzzi, Massimo, *Governance Matters III: Governance Indicators for 1996–2002* (draft; Washington: World Bank, June 30, 2003). Available at www.worldbank.org/wbi/governance/pdf/govmatters3.pdf.

Klitgaard, Robert E. 1995. *Institutional Adjustment and Adjusting to Institutions* (Washington, DC: World Bank).

Knaus, Gerald, and Martin, Felix. 2003. "Travails of the European Raj,"

*Journal of Democracy* 14(3): 60–74.

Krasner, Stephen D. 1984. "Approaches to the State: Alternative Conceptions and Historical Dynamics," *Comparative Politics* 16(2): 223–46.

Krueger, Anne. 1993. *Political Economy of Policy Reform in Developing Countries* (Cambridge, MA: MIT Press).

——. 1974. "The Political Economy of the Rent-Seeking Society," *The American Economic Review* 64(3): 291–303.

Kupchan, Charles A. 2002. *The End of the American Era: U.S. Foreign Policy and the Geopolitics of the Twenty-first Century* (New York: Knopf).

Lanyi, Anthony, and Lee, Young. 1999. *Governance Aspects of the East Asian Financial Crisis* (College Park, MD: IRIS Working Paper 226).

Levitt, Barbara, and March, James G. "Chester I. Barnard and the Intelligence of Learning," in Oliver Williamson, ed. 1990. *Organization Theory from Chester Barnard to the Present* (New York: Oxford University Press).

Levy, Brian. 2002. *Patterns of Governance in Africa* (Washington, DC: World Bank).

Lijphart, Arend 1996. "Constitutional Choices for New Democracies," in Marc Plattner and Larry Diamond, eds., *The Global Resurgence of Democracy* (Baltimore: Johns Hopkins University Press).

Linz, Juan J. 1990. "The Perils of Presidentialism," *Journal of Democracy* 1(1): 51–69.

Lipset, Seymour Martin. 1995. *American Exceptionalism: A Double-Edged Sword* (New York: W. W. Norton).

——. 1990. Continental Divide: The Values and Institutions of the United States and Canada (New York: Routledge).

——. 1981. *Political Man: The Social Bases of Politics*, 2d ed. (Baltimore: Johns Hopkins University Press).

——. 1959. "Some Social Requisites of Democracy: Economic Development and Political Legitimacy," *American Political Science Review* 53: 69–105.

Lugo, Luis E. 1996. *Sovereignty at the Crossroads? Morality and International Politics in the Post-Cold War Era* (Lanham, MD: Rowman and Littlefield).

MacIntyre, Andrew. 2003. *The Power of Institutions: Political Architecture and Governance* (Ithaca, NY: Cornell University Press).

Malone, Thomas W., and Yates, Joanne, et al. 1987. "Electronic Markets and Electronic Hierarchies," *Communications of the ACM* 30(6): 484–97.

March, James G., and Cohen, Michael D. 1974. *Leadership and Ambiguity: The American College President* (New York: McGrawHill, 1974).

Marshall, S.L.A. 1947. *Men Against Fire: The Problem of Battle Command in*

*Future War* (New York: William Morrow and Co.).

Mastanduno, Michael, and Lyons, Gene M. 1995. *Beyond Westphalia? State Sovereignty and International Intervention* (Baltimore: Johns Hopkins University Press).

Mayall, James. 1996. *The New Interventionism 1991–1994* (Cambridge, England: Cambridge University Press).

Mearsheimer, John J. 2002. "Hearts and Minds," *National Interest* (69): 13–16.

Mendelson Forman, Johanna. 2002. "Achieving Socioeconomic Well-Being in Postconflict Settings," *Washington Quarterly* 25(4): 128–38.

Miller, Gary J. 1992. *Managerial Dilemmas: The Political Economy of Hierarchy* (New York: Cambridge University Press).

Moe, Terry. 1984. "The New Economics of Organization," *American Journal of Political Science* 28: 739–77.

Murphy, Sean D. 1996. *Humanitarian Intervention: The United Nations in an Evolving World Order* (Philadelphia: University of Pennsylvania Press).

*National Security Strategy of the United States of America*, September 2002 (Washington, D.C.).

Nettl, J. P. 1968. "The State as a Conceptual Variable," *World Politics* 20(4): 559–92.

New Zealand State Services Commission, 1998. *New Zealand's State Sector Reform: A Decade of Change* (http://www.ssc.govt.nz/display/document.asp?docid=2384)

North, Douglass C. 1990. *Institutions, Institutional Change, and Economic Performance* (New York: Cambridge University Press).

North, Douglass C., and Weingast, Barry R. 1989. "Constitutions and Commitment: The Evolution of Institutions Governing Public Choice in Seventeenth-Century England," *Journal of Economic History* 49(4): 803–32.

Olsen, Johan P., and March, James G., et al. 1976. *Ambiguity and Choice in Organizations* (Bergen, Norway: Universitets-forlagen).

Olson, Mancur. 1996. "Big Bills Left on the Sidewalk: Why Some Nations are Rich and Others Poor," *Journal of Economic Perspectives* 10(2): 3–24.

Piore, Michael J., and Sabel, Charles. 1984. *The Second Industrial Divide* (New York: Basic Books).

Porter, Bruce D. 1994. *War and the Rise of the State: The Military Foundations of Modern Politics* (New York: Free Press).

Posner, Richard A. 1975. "The Social Costs of Monopoly and Regulation," *Journal of Political Economy* 83(4): 807–28.

Przeworski, Adam, and Alvarez, Michael, et al. 1996. "What Makes Democracies Endure?" *Journal of Democracy* 7(1): 39–55.

Quester, George H. 1973. *Nuclear Diplomacy: The First Twenty-Five Years*, 2d ed (New York: Dunellen).

Rabkin, Jeremy. 1998. *Why Sovereignty Matters* (Washington, DC: American Enterprise Institute).

Ricks, Thomas E. 1997. *Making the Corps* (New York: Scribners).

Robinson, James A., Acemoglu, Daron, et al. 2000. *The Colonial Origins of Comparative Development: An Empirical Investigation* (Washington, DC: National Bureau of Economic Research working paper 7771).

Rodrik, Dani. 1997. *Has Globalization Gone Too Far?* (Washington, DC: Institute for International Economics).

Roll, Richard, and Talbott, John R. 2003. "Political Freedom, Economic Liberty, and Prosperity," *Journal of Democracy* 14(3): 75–90.

Rose-Ackerman, Susan. 1979. *Corruption: A Study in Political Economy* (New York: Academic Press).

Rowen, Henry S. 1995. The Tide Underneath the "Third Wave," *Journal of Democracy* 6(1): 53–64.

Saiegh, Sebastian, and Tommasi, Mariano 1998. *Argentina's Federal Fiscal Institutions: A Case Study in the Transaction-Lost Theory of Politics* (Buenos Aires: Fundacion Gobiero y Sociedad).

Sakakibara, Eisuke. 1993. *Beyond Capitalism: The Japanese Model of Market Economics* (Lanham, MD: University Press of America).

Schein, Edgar H. 1988. *Organizational Culture and Leadership* (San Francisco: Jossey-Bass).

Schick, Allen. 1996. *The Spirit of Reform: Managing the New Zealand State Sector in a Time of Change* (Wellington, New Zealand: State Services Commission and the Treasury).

Scott, James C. 1998. *Seeing Like a State: How Certain Schemes to Improve the Human Conditions Have Failed* (New Haven, CT: Yale University Press).

Selznick, Philip 1951. *TVA and the Grass Roots: A Study in the Sociology of Formal Organizations* (New York: McGraw-Hill).

——. 1957. *Leadership in Administration: A Sociological Interpretation* (White Plains, NY: Peterson & Co.).

Sen, Amartya K. 1999. *Development as Freedom* (New York: Knopf).

Shefter, Martin. 1993. *Political Parties and the State: The American Historical Experience* (Princeton, NJ: Princeton University Press).

Simon, Herbert. 1957. *Administrative Behavior: A Study of Decision-Making Processes in Administrative Organization* (New York: Free Press).

Simon, Herbert, and March, James G. 1958. *Organizations* (New York: Wiley).

——. 1991. "Organizations and Markets," *Journal of Economic Perspectives* 5(2): 25–44.

Simon, Herbert, March, James G., and Smithburg, Donald W., et al. 1961. *Public Administration* (New York: Knopf).

Singerman, Diane. 1995. *Avenues of Participation: Family, Politics, and Networks in Urban Quarters of Cairo* (Princeton, NJ: Princeton University Press).

Sorensen, Georg. 2001. "War and State-Making: Why Doesn't It Work in the Third World?" *Security Dialogue* 32(3): 341–54.

Steele, Jonathan. 2002. "Nation Building in East Timor," *World Policy Journal* 19(2): 76–87.

Stiglitz, Joseph E. 2002. *Globalization and its Discontents* (New York: W. W. Norton).

Taylor, Frederick Winslow. 1911. *The Principles of Scientific Management* (New York: Harper Brothers).

Tendler, Judith. 1997. *Good Government in the Tropics* (Baltimore: Johns Hopkins University Press).

——. 1975. *Inside Foreign Aid* (Baltimore: Johns Hopkins University Press).

Tilly, Charles. 1975. *The Formation of National States in Western Europe* (Princeton, NJ: Princeton University Press).

Tullock, Gordon. 1965. *The Politics of Bureaucracy* (Washington, DC: Public Affairs Press).

United Nations Development Program. 2002. *Arab Human Development Report 2002* (New York: UNDP).

van de Walle, Nicolas. 2001. *African Economies and the Politics of Permanent Crisis, 1979–1999* (Cambridge, England: Cambridge University Press).

von Lipsey, Roderick K. 1997. *Breaking the Cycle: A Framework for Conflict Intervention* (New York: St. Martin's Press).

von Mises, Ludwig. 1981. *Socialism: An Economic and Sociological Analysis* (Indianapolis: Liberty Classics).

Weber, Max. 1946. *From Max Weber: Essays in Sociology* (New York: Oxford University Press).

Weingast, Barry R., and Moran, Mark. 1983. "Bureaucratic Discretion or Congressional Control: Regulatory Policymaking by the Federal Trade Commission," *Journal of Political Economy* 91:

765–800.

——. 1993. "Constitutions as Governance Structures: The Political Foundations of Secure Markets," *Journal of Institutional and Theoretical Economics* 149: 286–311.

——. 1984. "The Congressional-Bureaucratic System: A PrincipalAgent Perspective," *Public Choice* 44: 147–92.

Weirs, Thomas, and Collins, Cindy. 1996. *Humanitarian Challenges and Interventions: World Politics and the Dilemmas of Help* (Boulder, Colo.: Westview Press).

Wildavsky, Aaron. 1990. "A Double Security: Federalism as Competition," *Cato Journal* 990: 39–58.

Williamson, John. 1994. *The Political Economy of Policy Reform* (Washington, DC: Institute for International Economics).

Williamson, Oliver E. 1975. *Markets and Hierarchies: Analysis and Antitrust Implications* (New York: Free Press).

——. 1985. *The Economic Institutions of Capitalism* (New York: Free Press).

——. 1993. *The Nature of the Firm: Origins, Evolution and Development* (Oxford, England: Oxford University Press).

Williamson, Roger. 1998. *Some Corner of a Foreign Field: Intervention and World Order* (New York: St. Martin's Press).

Wilson, James Q. 1989. *Bureaucracy: What Government Agencies Do and Why They Do It* (New York: Basic Books).

Woolcock, Michael, and Pritchett, Lant. 2002. *Solutions When the Solution is the Problem: Arraying the Disarray in Development* (Washington, DC: Center for Global Development Paper 10).

World Bank. 2002. *Building Institutions for Markets. World Development Report 2002* (New York: Oxford University Press

——. 2000. *Reforming Public Institutions and Strengthening Governance* (Washington, DC: World Bank).

World Bank. 1997. *The State in a Changing World* (Oxford, England: Oxford University Press).

Zakaria, Fareed. 2003. *The Future of Freedom: Illiberal Democracy at Home and Abroad* (New York: W. W. Norton).

# 索 引

（按汉语拼音顺序排列，页码参见本书边码）